HISTOIRE MÉTALLIQUE

DE

NAPOLÉON

PARIS. — IMPRIMERIE SIMON RAÇON ET COMP., RUE D'ERFURTH, 1

HISTOIRE MÉTALLIQUE

DE

NAPOLÉON

OU

RECUEIL DES MÉDAILLES

ET

DES MONNAIES

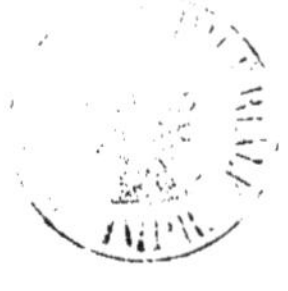

QUI ONT ÉTÉ FRAPPÉES

DEPUIS LA PREMIÈRE CAMPAGNE DE L'ARMÉE D'ITALIE
JUSQU'A LA FIN DE SON RÈGNE

PAR MILLIN ET MILLINGEN

PARIS
ADOLPHE DELAHAYS, ÉDITEUR
RUE VOLTAIRE, 4-6.

1854

TABLE

DE

TOUTES LES MÉDAILLES

CONTENUES

DANS L'HISTOIRE MÉTALLIQUE ET LE SUPPLÉMENT

PAR ORDRE CHRONOLOGIQUE

1796

	N°	Pl.
Bataille de Montenotte	1	4
Bataille de Millesimo. Combat de Dego	2	1
Passage du Pô. Bataille de Lodi	3	2
Bataille de Castiglione	4	1
Général Bonaparte. *Revers.* « Voilà, soldats valeureux, » etc.	9	3
Idem (Une variété)	378	61
Idem *Revers.* « A son nom Rome tremble, » etc.	379	61
Idem *Revers.* « Le fruit de ses actions. » *Jeton.*	16	4
Idem *Revers.* « Restaurateur de la liberté. » (Étain.)	17	7
Colonie française de Castorland, ou Louisiane	130	1
Première assemblée du peuple batave	131	15
Société médicale de Paris	195	28
Idem	380	71

1797

	N°	Pl.
Capitulation de Mantoue	6	4
Reddition de Mantoue	5	1
Bataille du Tagliamento. Prise de Trieste	7	3
La République ligurienne à Bonaparte et Faipoult	12	4
Académie de Gênes	13	4
Institut national ligurien	146	23
Insurrection à Brescia. Prise du Broletto	381	61
Fondation de la République cisalpine	14	5
Idem	11	3
Traité de Campo Formio	8	5
Idem frappée à Lyon	10	3
Idem par Mainoni	*14	38
Idem Jeton allemand	382	61
Idem Idem	383	61
Idem *Revers.* « La France lui devra, » etc.	15	1

	Nos	Pl.
Ferdinand, roi de Naples	132	2
Général Bonaparte, ministre à Rastadt	385	62
Institut national	167	21
Idem	168	21
Nicolas Poussin. Prix de l'Académie de peinture	192	23
Société des arts à Genève	169	2
Navigation de la haute Seine	384	72
Caisse d'escompte du commerce	170	5
Caisse des comptes courants	171	6
République de Venise. Pièce d'argent de 10 livres	134	5
Idem Idem	135	20
République ligurienne. Pièce d'or de 96 livres	144	20
Idem Idem 48 livres	145	20
Idem Pièce d'argent de 8 livres	142	20
Idem Idem 4 livres	143	20

1798

	Nos	Pl.
République romaine fondée le 15 février	136	15
Idem (Une variété)	388	65
Idem Fête à l'Honneur de la jeunesse	387	65
Idem Écu d'argent	137	43
Idem Idem frappé à Perugia	138	26
Idem Pièce de cuivre de deux baiocchi	139	5
Idem (Une variété)	140	23
Conquête de la Basse-Égypte	18	6
Débarquement à Alexandrie, frappé à Birmingham	386	62
Conquête de la Haute-Égypte	19	6
L'Égypte conquise	20	7
Tiraboschi, République cisalpine	389	64
Monnaie obsidionale de Mantoue	390	73
Encouragement des arts utiles	189	6
Prix de l'école de médecine	193	28
Opéra de Paris	390 A	
Avocats au conseil des prises	390 B	
République helvétique. Pièce d'or de 16 francs	158	19
Idem Pièce d'argent de 4 francs	156	19
Idem Idem 40 batzen	154	19
Idem Idem 20 idem	155	19
Idem Idem 10 idem	157	19
Idem Idem 5 idem	160	8
République piémontaise. Pièce d'argent d'un demi-écu	150	20

1799

	Nos	Pl.
Arrivée à Fréjus	21	25
Idem	*21	38
Napoléon, Ier consul	22	13
Idem par Liénard	44	13
Le Brun, 3me Consul	391	63
Sénat conservateur	163	10
Corps législatif	164	27
Tribunat	165	6
Conseil d'État	166	21
Comptabilité nationale	174	21
Tribunal de cassation	162	2
Canal du Centre	*173	59
République napolitaine. Pièce d'argent de 12 carlins	141	21

1800

	Nos	Pl.
Passage du Saint-Bernard	23	7
Bataille de Marengo	25	8
Bataille de Marengo. Médaille italienne	24	7
Général Desaix	26	8
Idem par Liénard	392	63
Général Kléber	129	58
La place Bellecour rétablie	31	9
Idem par Mercié	32	9
Colonne départementale	28	9
Colonne nationale	29	6
Idem	30	9
Fondation du quai Desaix	27	8
Colonne départementale à Lyon	33	40
Idem à Châlon	37	22
Aux citoyens du Gard	393	62
Honneurs à Turenne	34	11
Expédition du capitaine Baudin	38	8
Machine infernale	35	14
Idem Médaille italienne	36	16
République cisalpine. Pièce d'argent de 6 livres	148	12
République piémontaise. Pièce d'or de 20 francs	152	14
Idem Pièce d'argent de 5 fr.	153	12
Idem Pièce de cuivre de 2 sols	151	2
Banque de France	172	6
Joseph Haydn	182	14

1801

	Nos	Pl.
Traité de Lunéville, par Duvivier	40	12
Idem par Andrieu	41	12
Idem par Droz	42	11
Idem à Genève	46	18
Idem par Mainoni	394	62
Idem par Loos	49	26
Idem par Abramson	395	62

	N°	Pl.
Traité de Lunéville par Neuss	396	62
Idem Petit modèle	401	65
Idem *Revers*. Pacifico	47	10
République cisalpine. Pièce de 30 sols	149	12
Pont de Dourdan	39	10
Paix entre la France et la Russie	397	62
Le roi et la reine d'Étrurie	398	64
Idem	155	11
Colonne nationale de Gênes	147	25
Anniversaire du 14 Juillet. (Étain.)	48	22
Pacification de la Vendée	45	11
Maréchal Brune	128	57
Préliminaires de paix avec l'Angleterre	50	15
Idem	54	26
A la paix générale par la ville de Lyon	399	65
A Vincent et Belay, citoyens de Lyon	400	65
Abbé de l'Épée	185	14
Lavoisier, pièce d'essai	186	4
Pièce d'essai par Gatteaux	187	22
Idem par Gengembre	188	22
Trois ponts sur la Seine	173	18
Agents de change de Paris	175	24
Idem de commerce	176	24
Huissiers au tribunal de première instance	*179	59
Police de Paris	402	72

1802

	N°	Pl.
Consulte italienne à Lyon	57	17
Idem	58	18
Idem	59	58
Traité d'Amiens	51	16
Idem par Droz	52	11
Idem par Mainoni	*52	58
Idem à Birmingham	53	26
Idem par Neuss	403	62
Rétablissement du culte	61	29
L'instruction publique est organisée	60	27
Les trois consuls. Au retour de la paix	55	17
Conservatoire de musique. A la même occasion	197	59
Colonne élevée à Marseille	63	15
Canal d'Arles	64	10
Au docteur Sacco par la ville de Bologne	404	64
Idem	405	64
Napoléon élu premier consul à vie	407	65
Idem par Knapp	406	67
Par la République helvétique	408	65
Pièce d'essai par Saulnier	409	65
Société d'encouragement des arts	190	57
Général Jourdan	410	64
Bodoni, le célèbre imprimeur	410 A	
Briot, par les habitants de l'île d'Elbe	184	22
Comptoir commercial	409 A	
Société galvanique	409 B	
Chambre des avoués de première instance	*177	24
Idem d'appel	177	59
Canal de Briare	180	26

1803

	N°	Pl.
Visite de Napoléon à la Monnaie de Paris	411	65
La ville de Lille au premier consul	*73	29
La Suisse pacifiée et réorganisée	412	65
Le canton du Tésin	413	65
Négociations pour la paix	67	16
Traité d'Amiens rompu	69	50
Jeanne d'Arc	62	26
Pont de la Durance	65	14
Jeux maritimes à Marseille	68	15
La Vénus de Médicis	70	50
École de pharmacie établie	71	25
La Fortune conservatrice	72	16
Piémont réuni à la France	73	24
Prix de l'Académie de Milan, de Bologne et de Venise	195	57
Chambre de commerce d'Avignon	413 A	
Agents de change de Lyon	413 B	
Projet d'une nouvelle monnaie d'or pour la République italienne	414-417	66
Projet d'une nouvelle monnaie d'argent pour la République italienne	418-22	66
Projet d'une nouvelle monnaie de cuivre pour la République italienne	423-25	66
David Leroy	185	27

1804

	N°	Pl.
Le Code civil décrété	82	25
Légion d'honneur	78	51
Mines du Hartz	74	15
Musée à Gap	75	28
Le mont Genèvre ouvert	76	28
Musée Napoléon, salle du Laocoon	77	50
Idem de l'Apollon	*77	50
École des Mines du mont Blanc	79	25
Honneur légionnaire à l'armée de Boulogne	80	51
Deux mille barques sont construites	81	50
Descente en Angleterre	126	56
Le couronnement	85-86	52
Idem par Merlen	94	56
Idem Jeton	91	52
Le pape Pie VII	87	51

	N°	Pl.
Le repas de la ville	88	32
Fêtes du couronnement	89	32
Drapeaux donnés à l'armée	90	33
La Monnaie des médailles rétablie	92	29
La vaccine	93	29
Pie VII	161	31
Idem	*161	31
Projet d'une nouvelle monnaie d'or pour la République italienne	426	66
Projet d'une nouvelle monnaie d'argent pour la République italienne	427-31	66
Projet d'une nouvelle monnaie de cuivre pour la République italienne	432-34	66
Chambre de commerce de Paris	181	27
Commerce de bois neuf	199	39
Académie celtique	198	39
Préfecture du département de la Seine	200	39
École de droit	435	72
Trésor public	436	72
Commerce de charbon de bois	*436	72

1805

	N°	Pl.
Pie VII visite la Monnaie de Paris	95	31
Couronnement de Napoléon à Milan	96	33
Idem (Une variété)	*96	29
Idem (Italienne)	97	33
Idem (Idem)	*97	38
Monument à Desaix	98	18
Idem	99	18
Entrée de Napoléon à Gênes	100	33
La Ligurie réunie à la France	101	29
École de médecine	102	29
Levée du camp de Boulogne	103	34
Allocution à la grande armée	104	34
Prise d'Ulm et de Menningen	105	34
Prise de Vienne et de Presbourg	106	34
Idem (Italienne)	107	34
Drapeaux français repris à Inspruck	108	34
Bataille d'Austerlitz	109	34
Idem Tête des trois empereurs	110	35
Idem (Italienne)	437	67
Conférence à Urchitz	111	35
L'empereur à Schoenbrunn	112	37
Paix de Presbourg	113	35
Cathédrale de Vienne	114	34
Venise rendue à l'Italie	115	35
Élise, grande-duchesse de Lucques et de Piombino	116	33
Pont d'Avignon	117	18
École de Médecine de Paris	194	28

	N°	Pl.
Société du commerce et des arts de Lyon	437 A	
Idem Idem	437 B	
Notaires de Lyon	437 C	
Avoués au tribunal de Rouen	437 D	
Chambre de commerce d'Amiens	437 E	

1806

	N°	Pl.
L'Istrie conquise	118	35
Dalmatie conquise	119	35
Conquête de Naples	120	35
Souverainetés données	121	35
Mariage du prince de Bade	122	35
Colonne de la grande armée	123	36
Arc de triomphe	124	36
Sanhédrin	125	36
Décrets de Milan et Berlin	127	36
Confédération du Rhin	201	40
Bataille d'Iéna	202	40
Idem	203	40
Idem (Italienne)	204	40
Entrée à Berlin	205	40
Capitulation des quatre forteresses de la Prusse	206	40
Alliance avec la Saxe	207	40
Occupation d'Hambourg	208	40
Le prince de Bade visite la Monnaie	209	53
Le prince de Bavière visite la Monnaie	210	53
Hôtel de ville de Rouen	303	54
Salines de l'Est	304	54
Idem	305	54
Le roi d'Hollande	353	57
Invalides de Berlin reçoivent leur solde	438	65
Ptochotrophium de Gênes	439	68
Prix de l'Académie de Vérone	440	68
Prix de l'Académie de Gênes	441	68

1807

	N°	Pl.
Aigles françaises sur la Vistule	211	41
Bataille de Preuss-Eylau	212	41
Napoléon à Osterode	213	41
Délivrance de Dantzig	214	41
Bataille de Friedland	215	41
Idem	216	41
Prise des trois capitales de la Prusse	217	41
Conquête de la Silésie	218	41
Paix de Tilsitt	219	41
Idem	220	43
Idem	221	43
Napoléon à Dresde	222	43
Duché de Varsovie	223	42

	N°ˢ	Pl.
Royaume de Westphalie	224	42
Mariage de Jérôme, roi de Westphalie	225	42
Idem	226	42
Le Simplon	228	42
Route de Nice à Rome	229	42
L'aigle couronné	230	42
Commerce de Bordeaux	506	54
Société d'agriculture d'Évreux	507	54
Prince et princesse de Lucques et Piombino	572	60
Ancienne embouchure du Rhin nettoyée	554	60
Joachim, duc de Berg	573	57
Idem	574	57
Cambacérès, archichancelier	575	57
Le roi et la reine de Westphalie	442	67
Pièce d'essai par Vassalo	443	67
Le général Marmont, par les habitants de Spalatro	444	65
Société d'agriculture de Paris	445	72
Xavier Bichat, Société de médecine	446	71
Manufacture de métaux et laque vernie	446 A	
Notaires de l'arrondissement de Soissons	446 B	
Société académique des Enfants d'Apollon	446 C	
Prud'hommes de Rouen	512	54

1808

	N°ˢ	Pl.
Réunion de l'Étrurie à la France	227	42
Congrès d'Erfurth	231	43
Idem	232	43
Visite à Toulouse	233	48
Entrée à Madrid	234	41
Bataille de Sommo-Sierra	235	42
Académie des Beaux-Arts à Rome	236	48
Arrivée de la reine de Naples	564	59
Joseph, à son avénement à la couronne d'Espagne	565	59
Joseph, roi de Naples. Écu de dix carlins	566	59
Joachim, roi de Naples. Prise de Capri	568	59
Idem Pièce d'or de 40 francs	567	59
Université impériale	447	65
Grand-duc de Baden. Pièce de 5 francs	448	65
Académie de Gênes	449	68
Comité central de vaccine	449 A	
Fouvielle et Cᵉ	449 B	
Chambre de Commerce d'Orléans	449 C	
Idem	449 D	
Fonderie de Vaucluse	449 E	

1809

	N°ˢ	Pl.
Victoires d'Abensberg et d'Eckmuhl	237	44
Bataille de Ratisbonne (italienne)	238	44
Seconde entrée de Napoléon à Vienne	239	44
Bataille d'Essling	240	44
Napoléon à Schœnbrunn	241	44
Bataille de Raab	242	45
Rome unie à la France	243	45
Rome seconde capitale	244	45
Idem (Une variété)	245	45
Illyrie conquise	246	45
Bataille de Wagram	247	45
Sur les victoires de 1809 (Italienne)	248	48
Paix de Vienne	249	45
Le roi de Saxe visite la Monnaie	250	45
Idem	251	53
La Banque de France	252	50
Joachim, roi de Naples. Prix de l'Académie	569	60
Idem Légions provinciales	570	60
Idem Place Murat	571	60
Idem Récompense de mérite militaire	452	74
Idem visite l'Académie à Rome	451	67
Le roi de Wurtemberg visite la Monnaie de Paris	450	67
Élisa, grande-duchesse de Toscane	572	60
Idem À l'ouverture d'une nouvelle route	453	69
Idem Prix de l'Académie de Lucques	454	69
Chambre de Commerce d'Anvers	508	54
Chambre de commerce de Florence	455	69
Dʳ Portal, président de l'Académie de Médecine	456	71
Dʳ Guillotin, Idem	457-8	71
Faculté de Médecine de Paris	459	71
Dʳ Heurteloup, chirurgien en chef de la grande armée	460	71
Messageries impériales	461	72
Chambre de Commerce de Dieppe	461 A	
Agréés du Tribunal de Commerce	461 B	
Cercle littéraire à Lyon	461 C	
Prud'hommes de Lyon	461 D	

1810

	N°ˢ	Pl.
Le roi et la reine de Bavière visitent la Monnaie	253	45
Idem	254	53
Arrivée de l'Impératrice à Strasbourg	255	46
Mariage de Napoléon avec Marie-Louise	256	46
Idem L'Amour emportant la foudre	257	46
Idem à Milan	258	46
Idem à Pragne	259	47
Idem à Vienne	260	47
Idem à Prague	261	47
Idem à Vienne	262	47
Idem Idem	263	47
Idem à Lyon	462	70
Le grand-duc de Wurtzbourg visite la Monnaie	264	46
Statue en honneur de Desaix	265	46

	Nos	Pl.
Le canal de l'Ourcq ouvert.	266	46
Orphelines de la Légion d'honneur.	267	48
Honneurs funèbres au duc de Montebello. . . .	268	50
Première décadence du dix-neuvième siècle. .	269	50
Prix de Rome.	463	69
Prix de Città di Castello.	464	69
Pierre Vignon.	465	70
Synagogue de Bordeaux.	466	65
Pièce de 10 livres des îles de France et Bonaparte.	467	73
Commission pour la révision des remèdes secrets.	468	72
Idem (Une variété). . . .	*468	
Prix de clinique du baron Corvisart.	469	71
Commerce de la boucherie.	309	54
Notaires de Lyon.	469 A	
Entrepreneurs de maçonnerie de Paris. . . .	469 B	

1811

	Nos	Pl.
Naissance du roi de Rome.	270	48
Idem	*270	48
Idem (Une variété) . . .	470	67
Idem frappée à Rome. . . .	272	49
Idem à Vienne. . .	471	70
Baptême du roi de Rome.	271	49
Athénée de Vaucluse.	273	50
Le roi et la reine de Westphalie.	358	58
Joachim. Prix de l'Académie des Sciences de Naples.	474	74
Bernadotte, prince royal de Suède.	376	57
Académie de la Crusca à Florence	473	69
Notaires de Rouen.	310	54
Commerce de vin de Paris.	311	54

1812

	Nos	Pl.
Prise de Wilna.	274	51
Bataille de la Moskowa.	275	51
Entrée de Napoléon à Moscou.	276	51
L'Aigle française sur le Borysthène.	277	51
L'Aigle française sur le Wolga.	278	51
Retraite de l'armée.	279	51
Académie des Beaux-Arts à Rome.	280	49
Prix de l'Académie de Florence. Tête de M. Angelo.	475	69
Idem du Lycée de Novarra.	476	68
Institut italien.	477	68
Joachim. Observatoire à Naples.	478	74
Idem. Institut Salesien.	479	74
Idem. Collèges royaux.	480	74
Dr Guillotin.	481	71
Notaires de Montbrison.	481 A	
Idem Ville-Franche.	481 B	
Commerce de bois neuf.	483	72

1813

	Nos	Pl.
Bataille de Lutzen.	281	51
Bataille de Wurtchen.	282	51
Monuments sur le mont Cenis.	283	51
Canal de Mons à Condé.	284	52
Agents de change de Paris.	313	54
L'Impératrice visite la Monnaie.	291	53
La princesse Élise Idem	292	53
La reine de Naples.	293	53
La princesse Pauline Borghèse.	294	53
La reine de Hollande.	295	53
M. Denon.	296	53
Idem.	297	53
Jetons pour les tables de jeu du Palais Impérial.	298	53
Idem Idem	299	53
Joachim, roi de Naples, à son retour de l'armée.	482	74
Monnaie obsidionale de Cattaro.	485-6	73
Idem de Zara.	487-8	73

1814

	Nos	Pl.
L'Aigle en Février.	383	52
Berthier, prince de Neufchâtel.	377	60
Grande voierie de Paris.	490	72
Inspection des bâtiments de Paris.	491	72
Monnaie obsidionale de Palma Nuova.	492	73
Idem d'Anvers.	493	73
Idem.	494	73
Idem de Strasbourg.	495	73
République de Gênes. Pièce de 10 sols.	498	73
Idem Id. de 4 sols.	499	73
Idem Id. de 2 sols.	*499	73

1815

	Nos	Pl.
Retour de l'Empereur.	286	52
Le général Bertrand à Napoléon.	287	52
Le 106e régiment à Napoléon.	288	52
Assemblée du Champ de mai. (Etain)	500	67
Napoléon se rend au Bellérophon.	289	52
Napoléon à Sainte-Hélène.	290	52
Monnaie obsidionale de Strasbourg.	496	73
Idem Idem	497	73
Idem Idem	*497	

Sans date

	N°	Pl.
A la Fidélité	56	17
Victoire	*56	17
Collége britannique à Paris	66	27
Commissaires-priseurs	178	25
Notaires de Paris	179	25
Académie de Marseille	191	24
Avoués de Villefranche	301	34
Académie impériale de musique	302	34
Boulangers de Paris	314	34
Jeton de la préfecture de police	402	72
Jeton du Trésor public	456	72
Chambre de Commerce de Bordeaux	500 A	
Notaires de Bordeaux	500 B	
Chambre de Commerce de Carcassone	500 C	
Tribunal de Lyon	500 D	
Société de médecine de Marseille	500 E	
Charcutiers de Paris	500 F	
Société des Arts, etc., de Provins	500 H	
Académie de Rouen	500 I	
Société d'Agriculture du département de la Haute-Vienne	500 K	

Paris, imp. Simon Raçon et comp., rue d'Erfurth, 1.

BATAILLE DE CASTIGLIONE COMBAT DE PESCHIERA
LAY
A L'ARMÉE D'ITALIE
LOI DU 27 THERMIDOR
AN 4ME RÉP.
BATAILLE DE MILLESIMO COMBAT DE DEGO
LOI DU 6 FLOREAL AN 4ME DE LA REP.
LE PEUPLE FRANÇAIS A L'ARMÉE D'ITALIE
REDDITION DE MANTOUE
A L'ARMÉE D'ITALIE VICTORIEUSE
LOI DU 24 PLUVIOSE AN 5ME R.
LA FRANCE LUI DEVRA LA VICTOIRE ET LA PAIX
DE LA REPUBLIQUE
FRANCO-AMERICANA COLONIA
CASTORLAND 1796
SALVE MAGNA PARENS

TRIBUNAL DE CASSATION
LA LOI
MILITIBUS BENE DE REGE AC PATRIA MERITIS
NAZIONE PIEMONTESE
Soldi due
ARTIBUS PROMOVENDIS
POST TENEBRAS LUX
SOCIÉTÉ DES ARTS 1797
PASSAGE DU PÔ DE LADDA ET DU MINCIO
AN 4 REP
A L'ARMÉE D'ITALIE
LA PATRIE RECONNAISSANTE
LOI DU 24 PRAIRIAL
AN 4ME REP.

À
L'ARMÉE
D'ITALIE
NAPOLEONE BONAPARTE
REPVBBLICA CISALPINA

BONAPARTE GEN.AL EN CHEF DE L'ARMÉE FRANC.SE EN ITALIE
B. DUVIVIER
PAR B. DUVIVIER
A PARIS
LES SCIENCES ET LES ARTS RECONNAISSANTS
PAIX SIGNÉE
ALL' ITALICO
LIBERA
LIBERTA EGUAGLIANZA
LIBERTA ITALIANA
LIRE
DIECI
VENETE
AS SOCIATION
DU IV FRIMAIRE
AN VI
POUR LA PROSPÉRITÉ
DU
COMMERCE
VIGILANCE
REPUBLICA ROMANA
DUE
BAIOCCHI

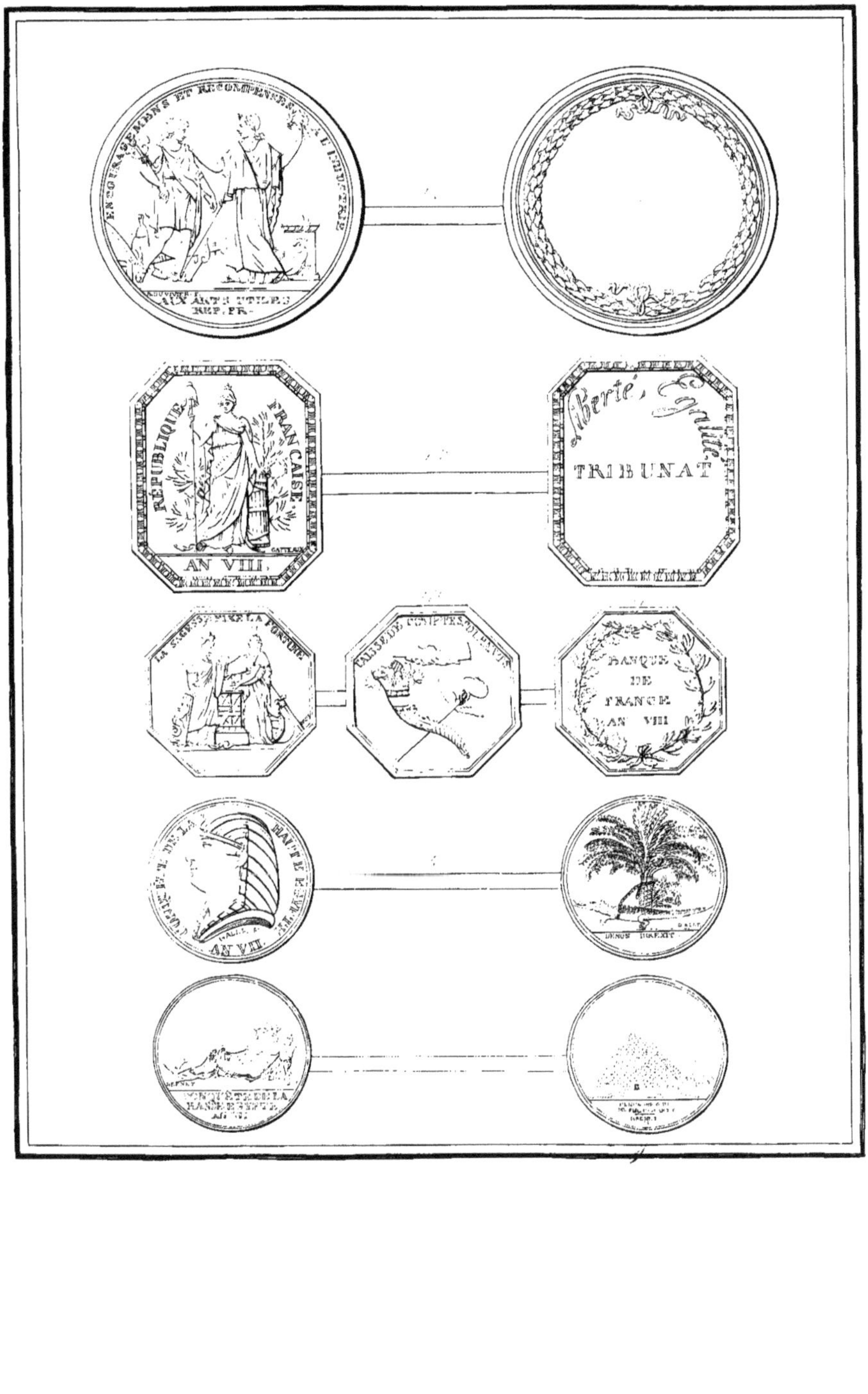

ENCOURAGEMENS ET RECOMPENSES A L'INDUSTRIE
AUX ARTS UTILES
REP. FR.

RÉPUBLIQUE FRANÇAISE
AN VIII.

Liberté Égalité
TRIBUNAT

LA SAGESSE FIXE LA FORTUNE

BANQUE
DE
FRANCE
AN VIII

AN VII.

DENON DIREXIT

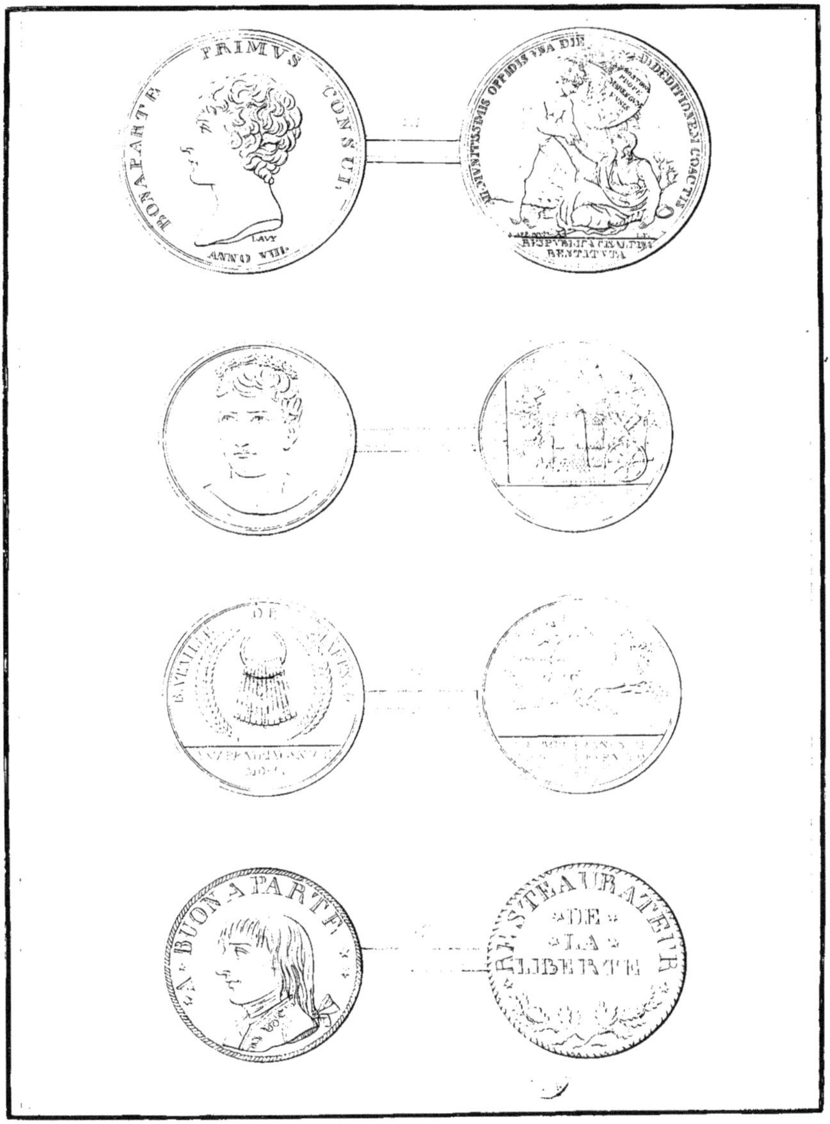

BONAPARTE PRIMUS CONSUL.

LAVY

ANNO VIII.

A BUONAPARTE

RESTAURATEUR DE LA LIBERTE

Pl. VIII.

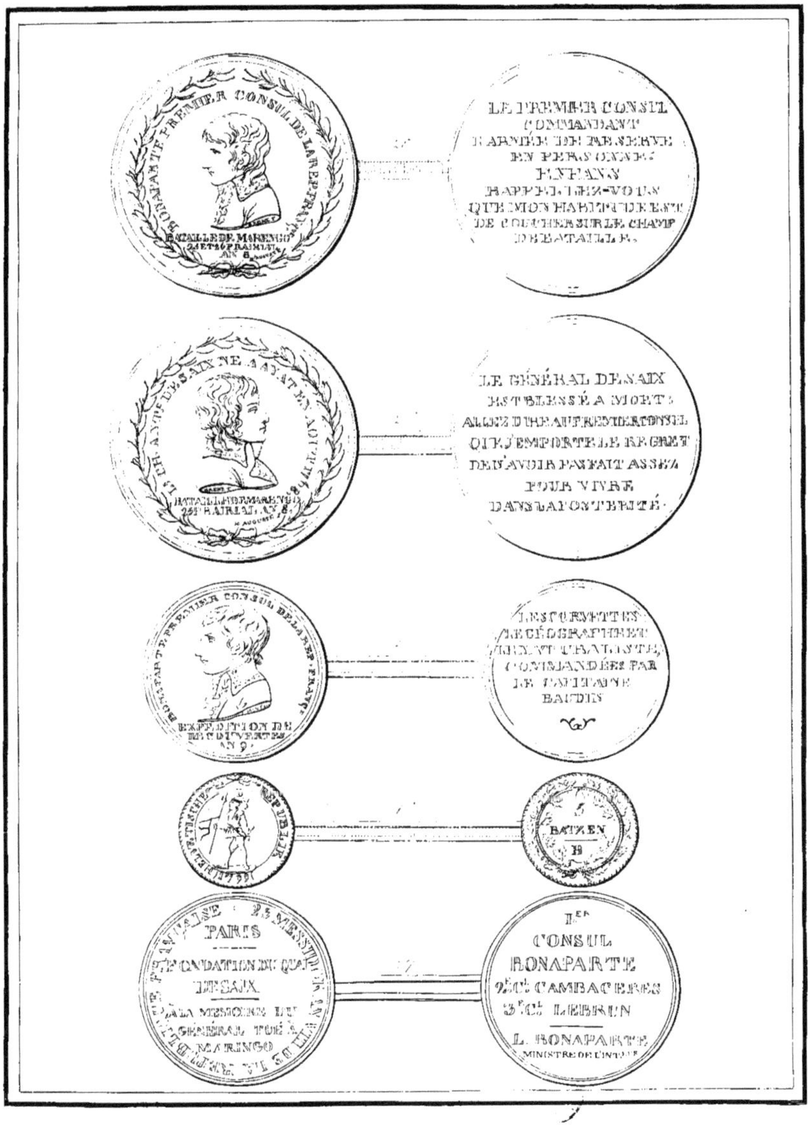
LE GÉNÉRAL DESAIX
POUR VIVRE
5
BATZEN
B
PARIS
DESAIX
GÉNÉRAL TUÉ A
MARINGO
CONSUL
BONAPARTE
CAMBACERES
LEBRUN
L. BONAPARTE

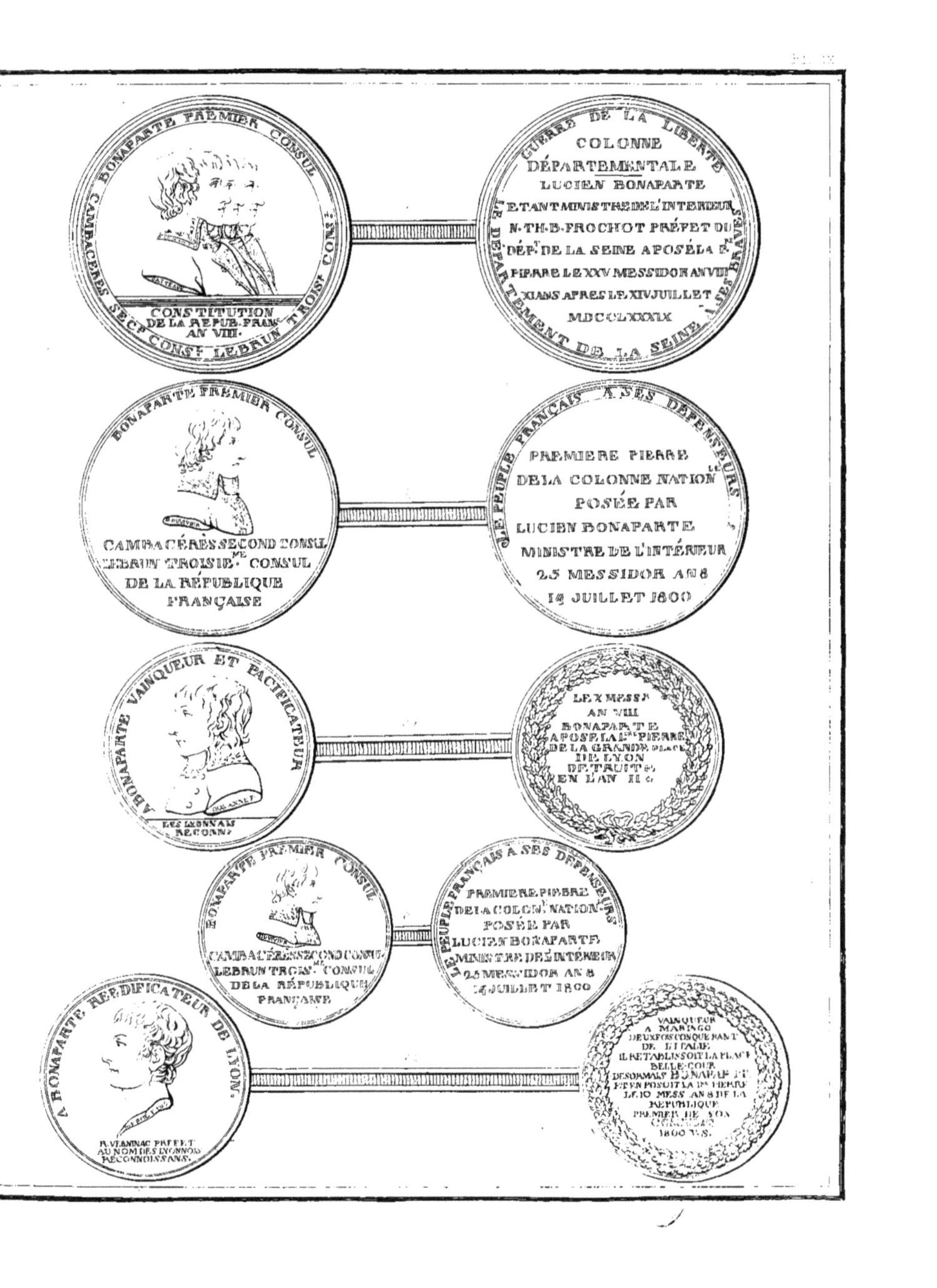
BONAPARTE PREMIER CONSUL
CAMBACERES SECD CONSL LEBRUN TROISE CONS.
CONSTITUTION
DE LA REPUB. FRANS
AN VIII.
GUERRE DE LA LIBERTÉ
COLONNE
DÉPARTEMENTALE
LUCIEN BONAPARTE
ETANT MINISTRE DE L'INTERIEUR
N.TH.B. FROCHOT PRÉFET DU
DÉPT DE LA SEINE A POSÉ LA 1E
PIERRE LE XXV MESSIDOR AN VIII
XI ANS APRES LE XIV JUILLET
MDCCLXXXIX
LE DÉPARTEMENT DE LA SEINE A SES BRAVES
BONAPARTE PREMIER CONSUL
CAMBACÉRÈS SECOND CONSUL
LEBRUN TROISIEME CONSUL
DE LA RÉPUBLIQUE
FRANÇAISE
LE PEUPLE FRANÇAIS A SES DEFENSEURS
PREMIERE PIERRE
DE LA COLONNE NATIONLE
POSÉE PAR
LUCIEN BONAPARTE
MINISTRE DE L'INTÉRIEUR
25 MESSIDOR AN 8
14 JUILLET 1800
BONAPARTE VAINQUEUR ET PACIFICATEUR
A BONAPARTE
LES LYONNAIS
RECONNS
LE X MESSR
AN VIII
BONAPARTE
A POSÉ LA 1RE PIERRE
DE LA GRANDE PLACE
DE LYON
DETRUITE
EN L'AN II
BONAPARTE PREMIER CONSUL
CAMBACÉRÈS SECOND CONSUL
LEBRUN TROISME CONSUL
DE LA RÉPUBLIQUE
FRANÇAISE
LE PEUPLE FRANÇAIS A SES DEFENSEURS
PREMIERE PIERRE
DE LA COLONE NATIONLE
POSÉE PAR
LUCIEN BONAPARTE
MINISTRE DE L'INTÉRIEUR
25 MESSIDOR AN 8
14 JUILLET 1800
A BONAPARTE REEDIFICATEUR DE LYON.
R. VEANNAC PREFET
AU NOM DES LYONNOIS
RECONNOISSANS.
VAINQUEUR
A MARENGO
DEUX FOIS CONQUERANT
DE L'ITALIE
IL RETABLISSOIT LA PLACE
BELLE-COUR
1800 V.S.

Pl. 2.

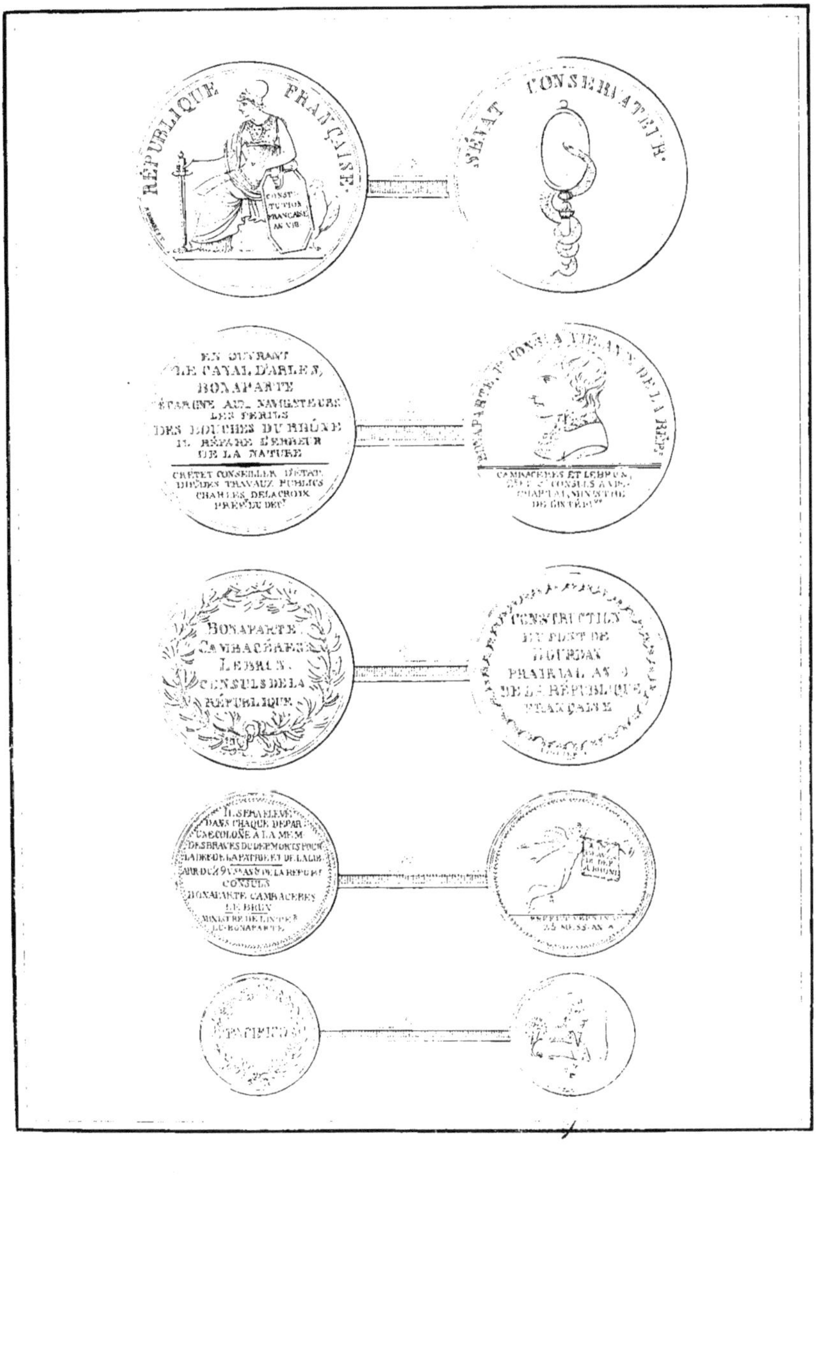

RÉPUBLIQUE FRANÇAISE

CONSTITUTION FRANÇAISE AN VIII

SÉNAT CONSERVATEUR

EN OUVRANT
LE CANAL D'ARLES,
BONAPARTE
ÉPARGNE AUX NAVIGATEURS
LES PÉRILS
DES BOUCHES DU RHÔNE
IL RÉPARE L'ERREUR
DE LA NATURE

CRÉTET CONSEILLER D'ÉTAT
DIRᴿ DES TRAVAUX PUBLICS
CHARLES DELACROIX
PRÉFᵀ DU DEPᵀ

BONAPARTE Pᴿ CONSᴸ A VIE AN X DE LA RÉPᴱ

CAMBACÉRÈS ET LEBRUN,
CHAPTAL MINISTRE
DE L'INTÉRIEUR

BONAPARTE
CAMBACÉRÈS
LEBRUN
CONSULS DE LA
RÉPUBLIQUE

CONSTRUCTION
DU PONT DE
PRAIRIAL AN 9
DE LA RÉPUBLIQUE
FRANÇAISE

IL SERA ÉLEVÉ
DANS CHAQUE DÉPAR
UNE COLONE A LA MÉM
DES BRAVES DU DÉP MORTS POUR
LA DÉF DE LA PATRIE ET DE LA LIB
ARR DU 29 VEN AN 8 DE LA RÉPUB
CONSULS
BONAPARTE CAMBACÉRÈS
LE BRUN
MINISTRE DE L'INTÉR
LU BONAPARTE

HONNEURS RENDUS A TURENNE PAR LE GOUVERNEMENT
SA GLOIRE APPARTIENT AU PEUPLE FRANÇAIS
TRANSLATION
DU CORPS DE TURENNE
AU TEMPLE DE MARS
PAR LES ORDRES DU PREMIER CONSUL
BONAPARTE
LE 5.e JOUR COMPLÉMENTAIRE AN 8.
I.ERE ANNÉE DU CONSULAT
LUCIEN BONAPARTE
MINISTRE DE L'INTÉRIEUR
BONAPARTE I.er C·D·L·R·F·PACIFICATEUR UNIVERSEL
HEROI BELLI PACISQUE
GALLIÆ VINDEX
MDCCCI.
BONAPARTE PR. CONSUL DE LA REP. FRAN.
J.P. DROZ F. AN IX
1801
BONHEUR AU CONTINENT
FRANCE
ANGLETE
PAIX DE LUNÉVILLE
AN IX.
1801.
BONAPARTE PR CONSUL DE LA REP. FRAN.
LE RETOUR D'ASTRÉE
A MARIE LOUISE JOSEPHINE
21 PRAIRIAL
AN 9
AURAIT DÉTRUIRE
CODE TOSCAN
10 JUIN 1801

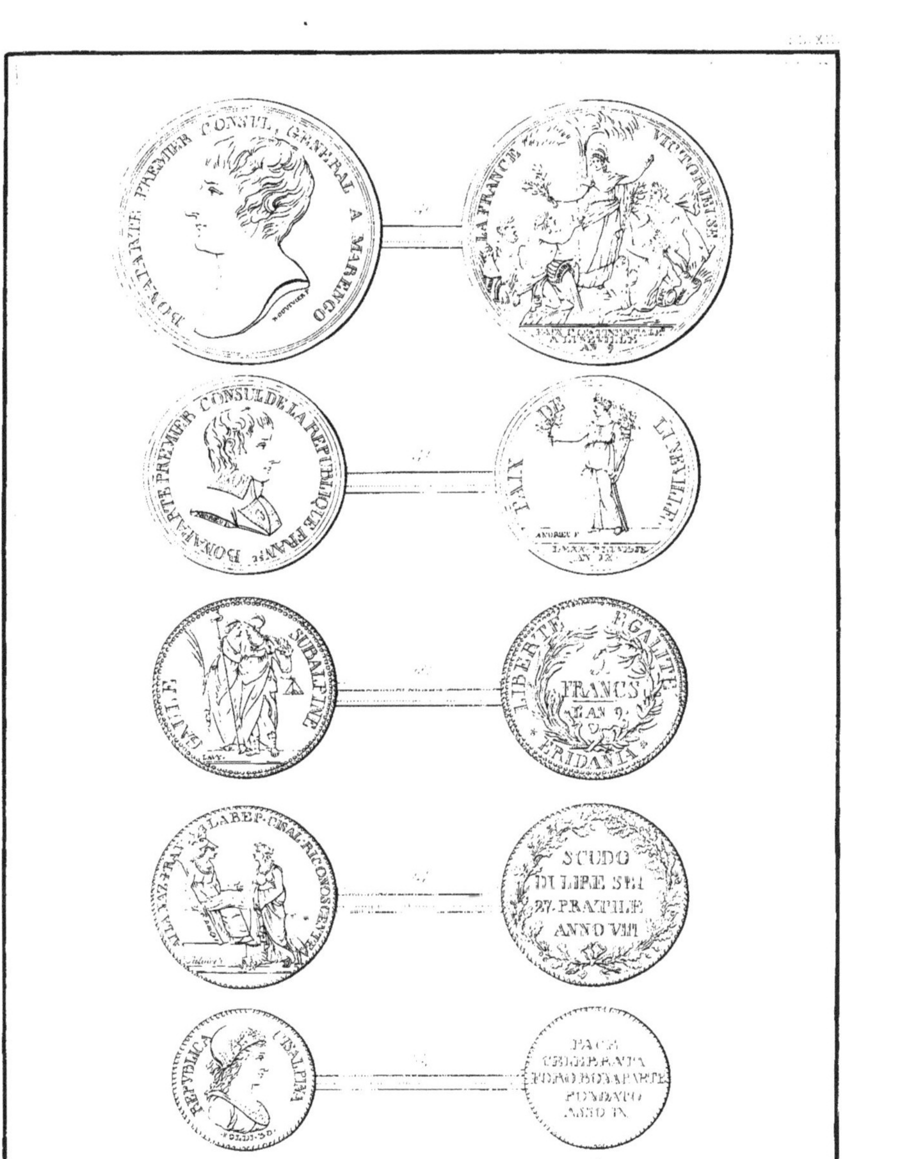
BONAPARTE PREMIER CONSUL, GENERAL A MARENGO
LA FRANCE VICTORIEUSE
BONAPARTE PREMIER CONSUL DE LA REPUBLIQUE FRANÇ.
PAIX DE LUNEVILLE
ANDRIEU F.
GAULE SUBALPINE
LIBERTE EGALITE
5 FRANCS
L'AN 9.
ERIDANIA
LA REP. CISAL. RICONOSCENTE
SCUDO
DI LIRE SEI
27. PRATILE
ANNO VIII
REPUBLICA CISALPINA
PACE
CELEBRATA
FONDATO
ANNO IX

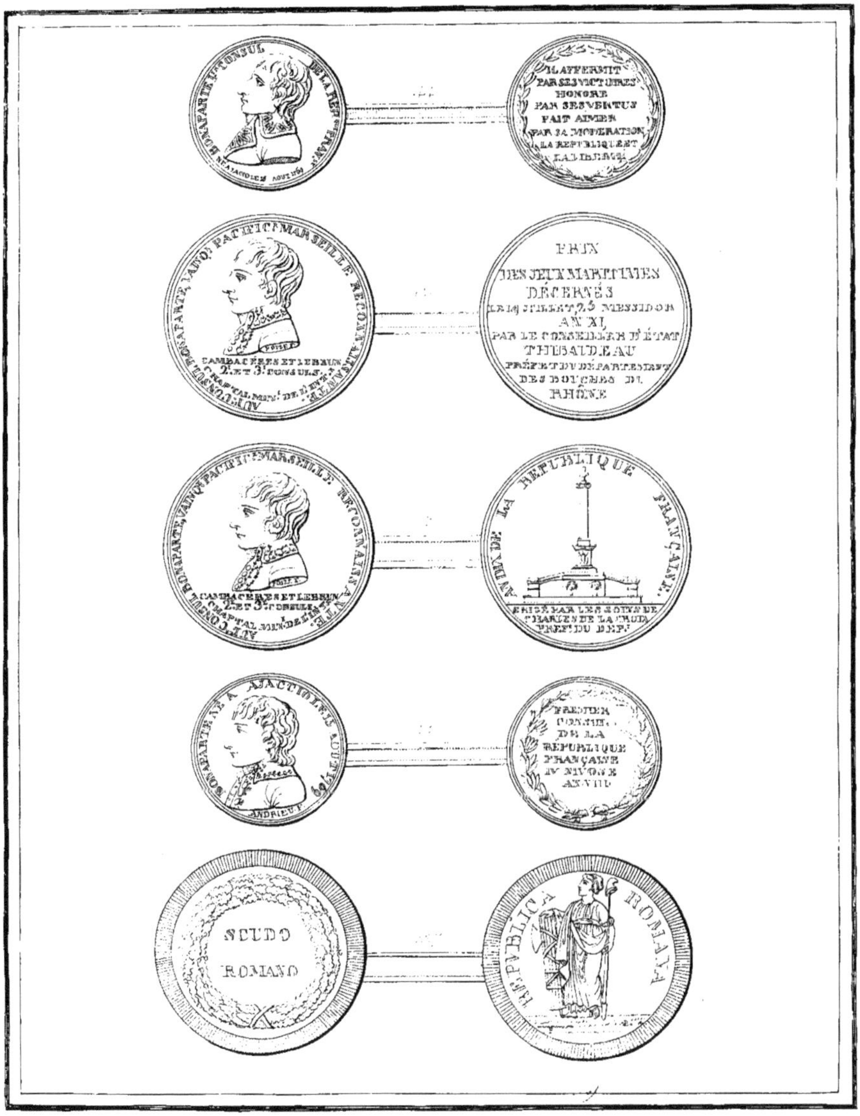

BONAPARTE IER CONSUL DE LA REP. FRANÇ.

PAR SES VICTOIRES
HONORE
PAR SES VERTUS
FAIT AIMER
PAR SA MODERATION

PRIX
DES JEUX MARITIMES
DÉCERNÉS
AN XI
PAR LE CONSEILLER D'ÉTAT
THIBAUDEAU
PRÉFET DU DÉPARTEMENT
DES BOUCHES DU
RHÔNE

CAMBACÉRÈS ET LEBRUN
2E ET 3E CONSULS

LA RÉPUBLIQUE FRANÇAISE

BONAPARTE NÉ A AJACCIO LE 15 AOUT 1769
ANDRIEU F.

PREMIER
CONSUL
DE LA
RÉPUBLIQUE
FRANÇAISE
IV NIVOSE
AN VIII

SCUDO
ROMANO

REPUBLICA ROMANA

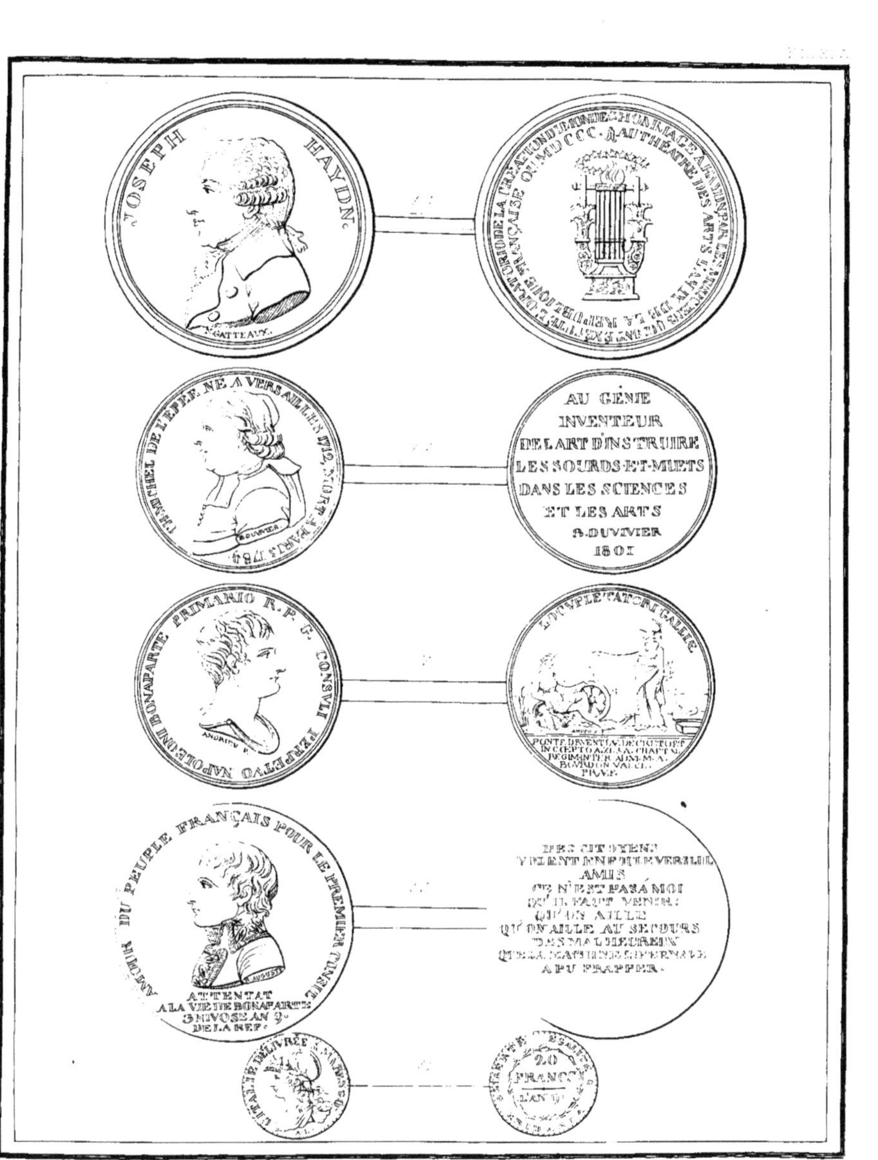

JOSEPH HAYDN.
N. GATTEAUX
AU GÉNIE
INVENTEUR
DE L'ART D'INSTRUIRE
LES SOURDS-ET-MUETS
DANS LES SCIENCES
ET LES ARTS
B. DUVIVIER
1801
NAPOLEONI BONAPARTE PRIMARIO R. P. G. CONSULI PERPETUO
ANDRIEU F.
AMOUR DU PEUPLE FRANÇAIS POUR LE PREMIER CONSUL
ATTENTAT
A LA VIE DE BONAPARTE
3 NIVOSE AN 9.
DE LA REP.
CE N'EST PAS A MOI
20
FRANCS
L'AN 9

GLÜCK AUF
DES MINES ET USINES DU HARZ PROTÉGÉES PENDANT LA GUERRE
L'ARMÉE D'HANOVRE A NAPOLEON EMPEREUR DES FRANÇAIS 1804
CHE VALE DI TANTI ANNI IL PIANTO
GIORNO
LIBERTÀ ROMANA XXVII PIOVOSO AN. VII
SAGESSE DANS LES CONSEILS ET COURAGE DANS LES COMBATS. MDCCCI
BONAPARTE
PRELIMINARIES OF PEACE BETWEEN GREAT-BRITAIN AND FRANCE SIGNED OCTOBER 1. 1801.
THEY SHALL PROSPER THAT LOVE THEE
PRIMUS A CONDITA REPUBLICA CONVENTUS POPULI BATAVI KAL. MART. MDCCXCVI
MAIESTAS POPULI

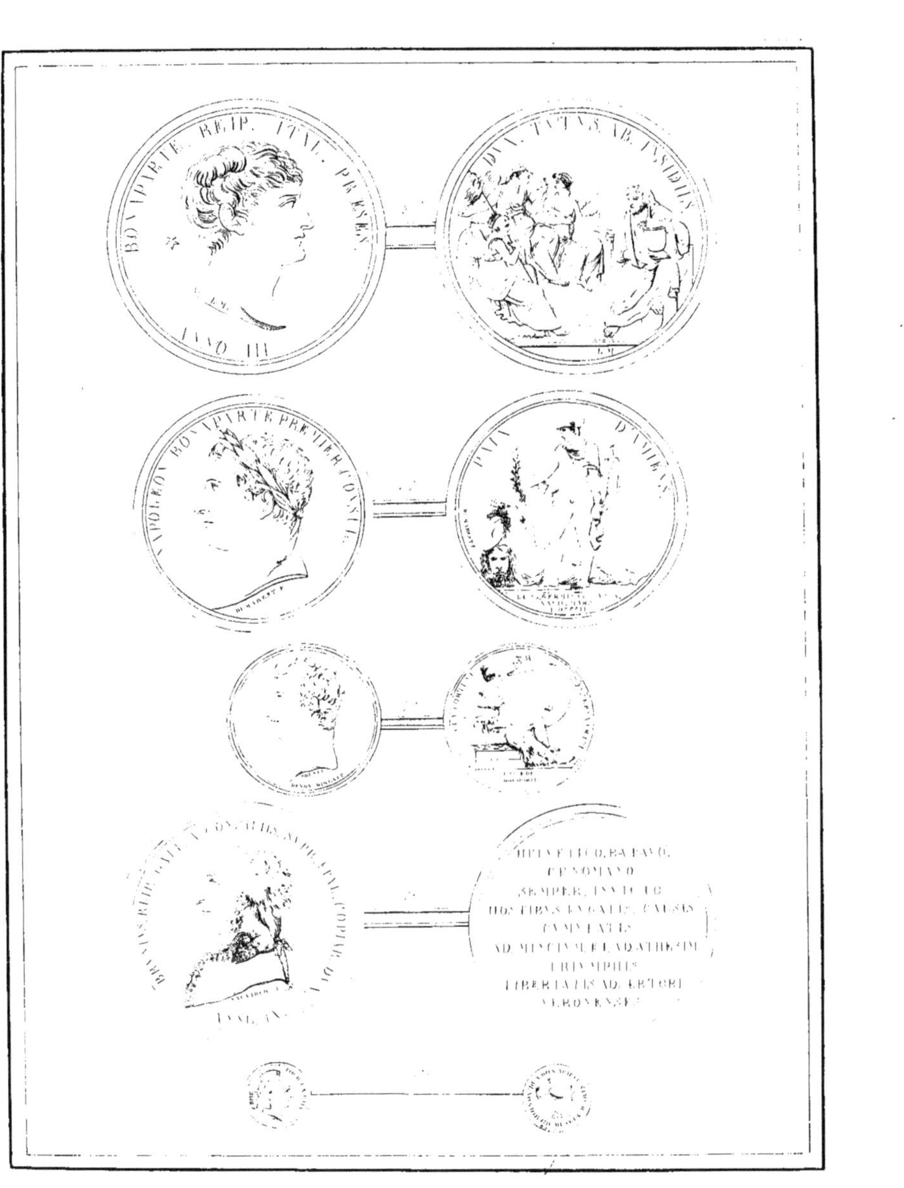

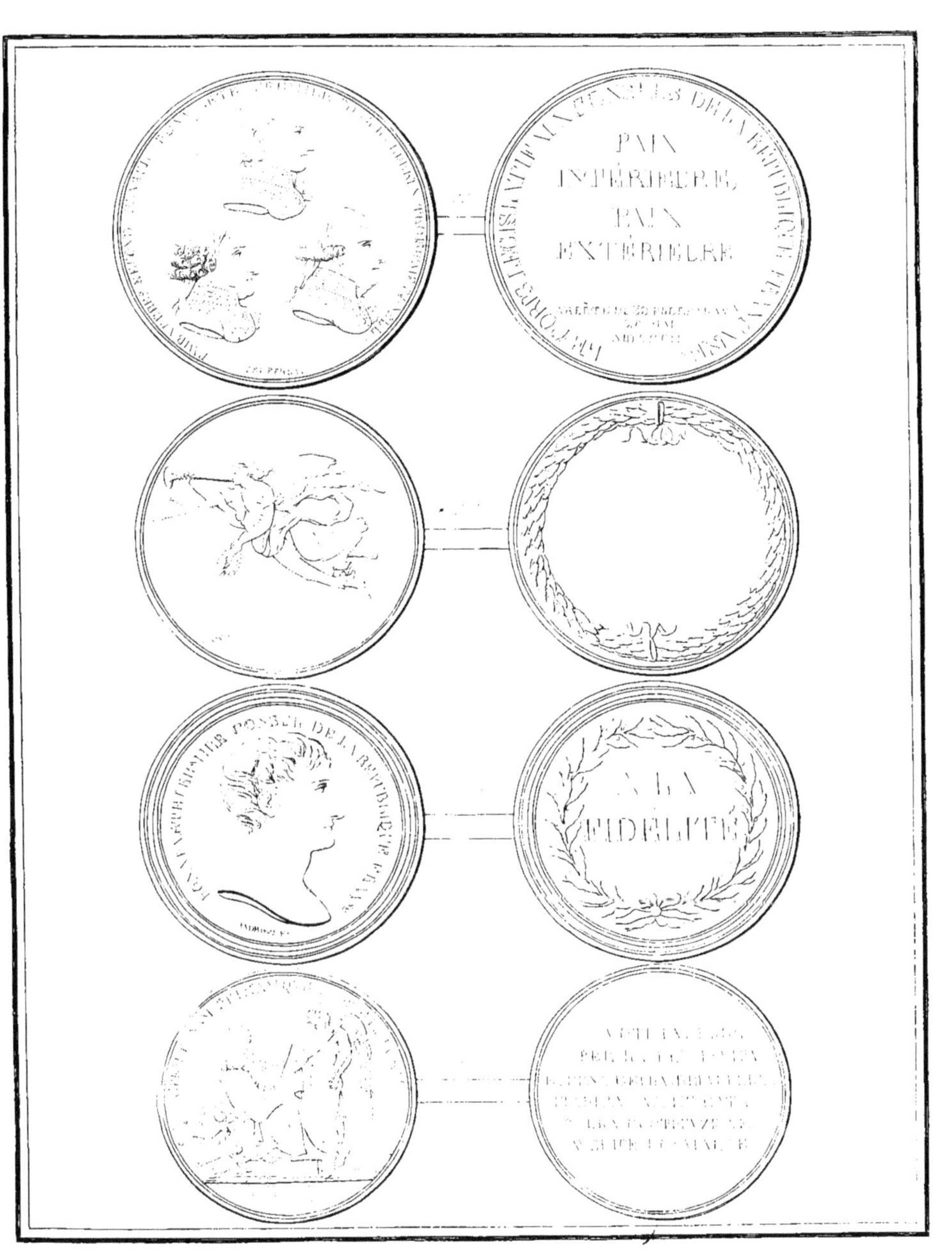
PAIX
INTÉRIEURE,
PAIX
EXTÉRIEURE
A LA
FIDELITÉ

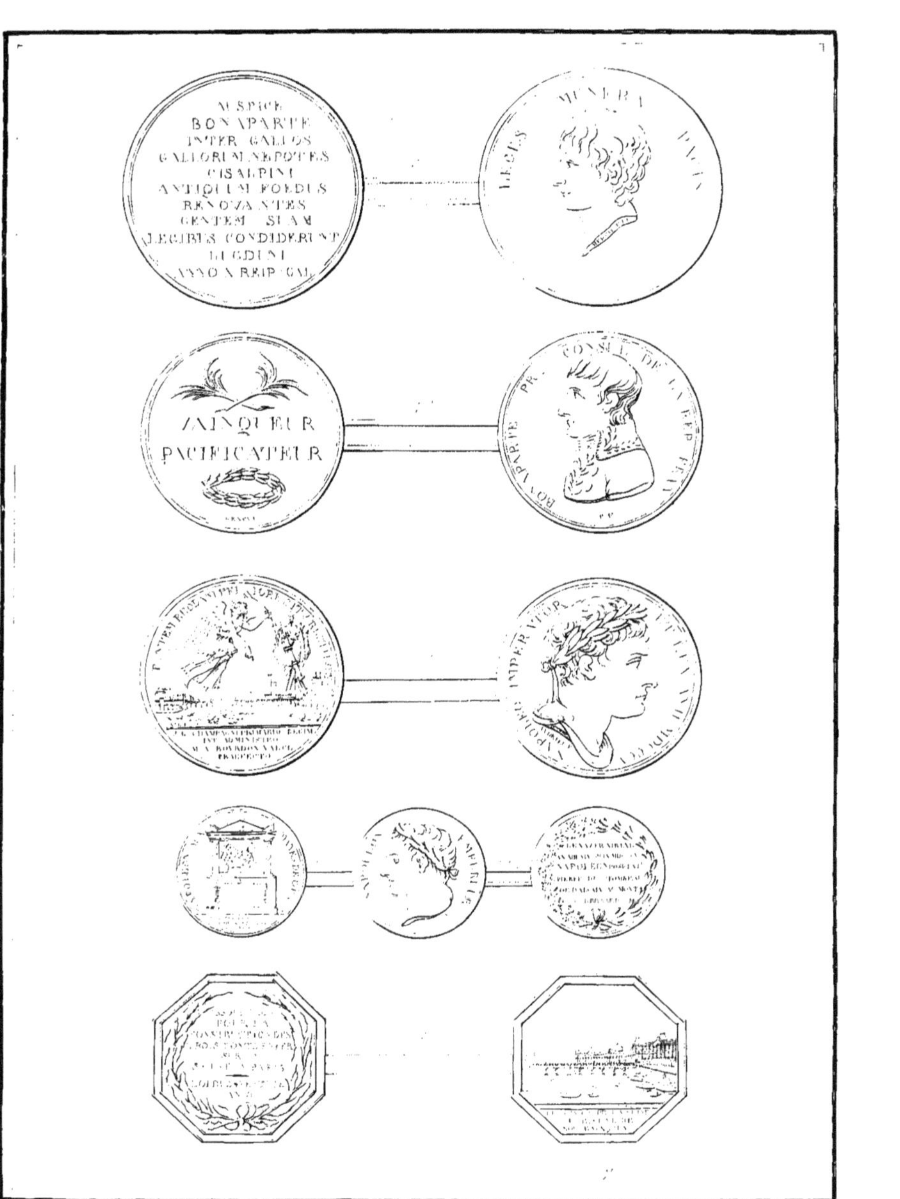
BONAPARTE
INTER GALLOS
CISALPINI
ANTIQUUM FOEDUS
RENOVANTES
GENTEM SUAM
LEGIBUS CONDIDERUNT
LUGDUNI
LEGES MUNERA PACIS
VAINQUEUR
PACIFICATEUR
BONAPARTE PR. CONSUL DE LA REP. FRAN.
NAPOLEO IMPERATOR

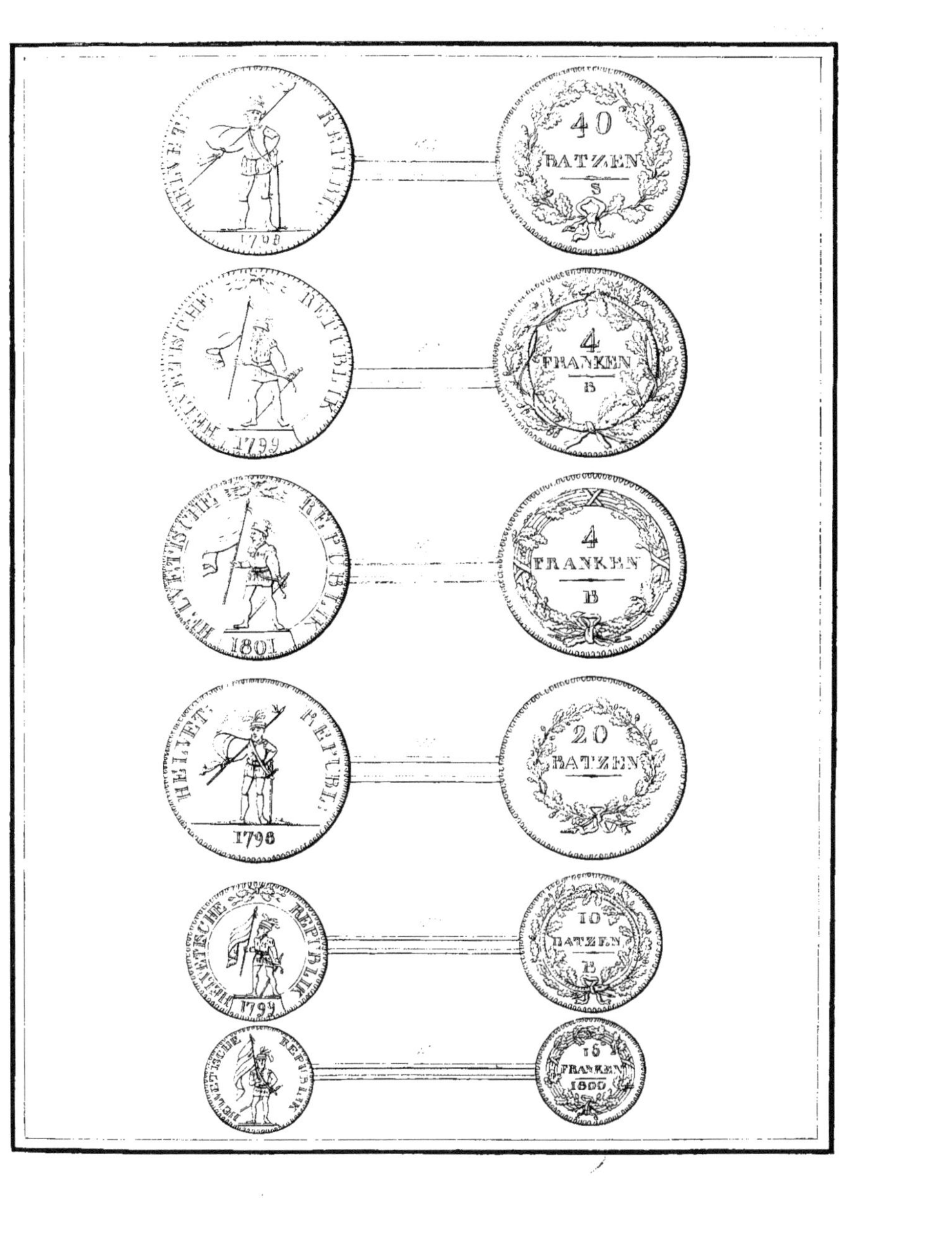
40
BATZEN
S
HELVETISCHE REPUBLIK
1799
4
FRANKEN
B
HELVETISCHE REPUBLIK
1801
4
FRANKEN
B
HELVET. REPUBL.
1798
20
BATZEN
HELVETISCHE REPUBLIK
1799
10
BATZEN
B

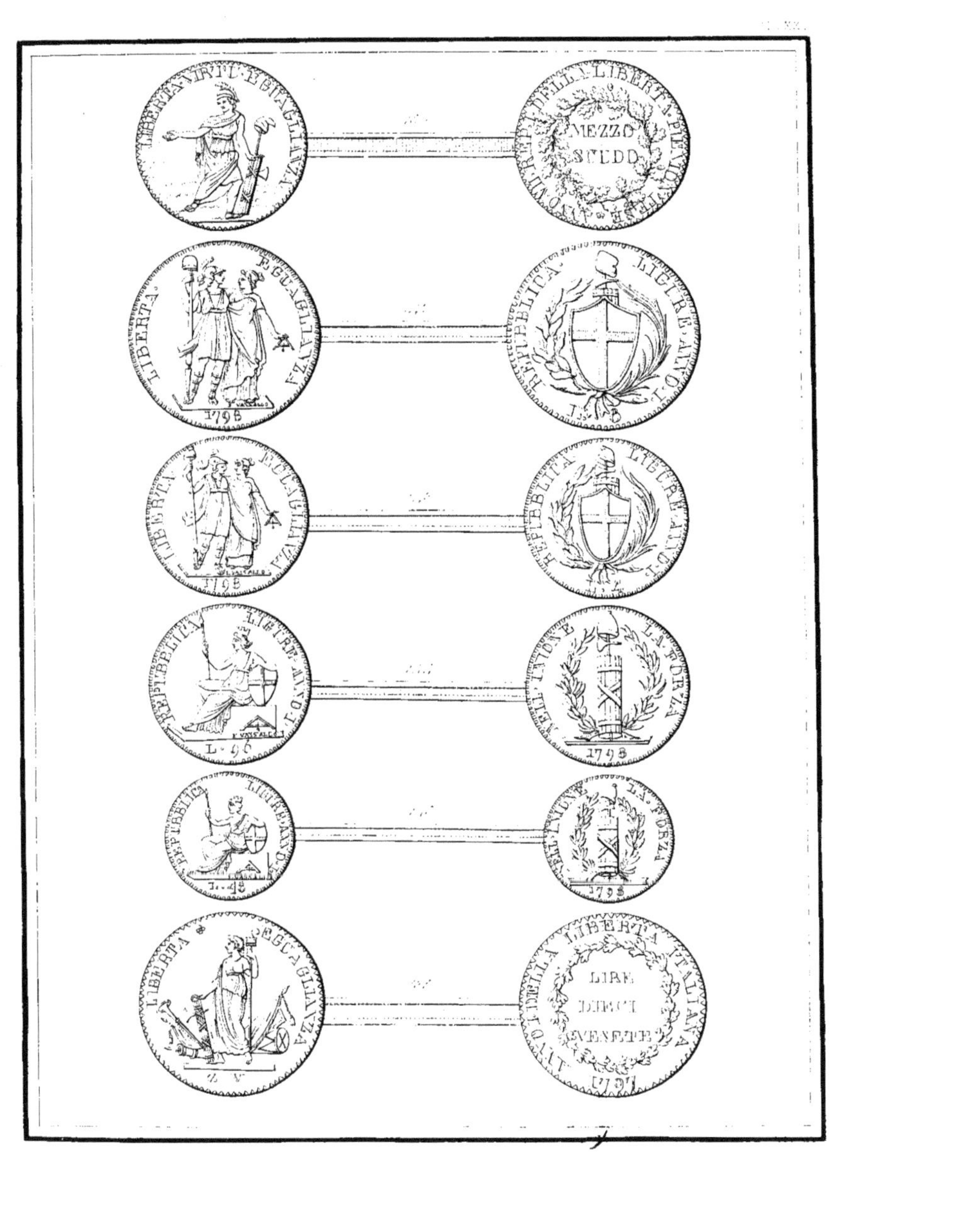
MEZZO
SOLDO
LIBERTA
EGUAGLIANZA
1798
REPUBBLICA
LIGURE ANNO I
1798
LIBERTA
EGUAGLIANZA
ZV
LIRE
DIECI
VENETE
LIBERTA
ITALIANA
1797

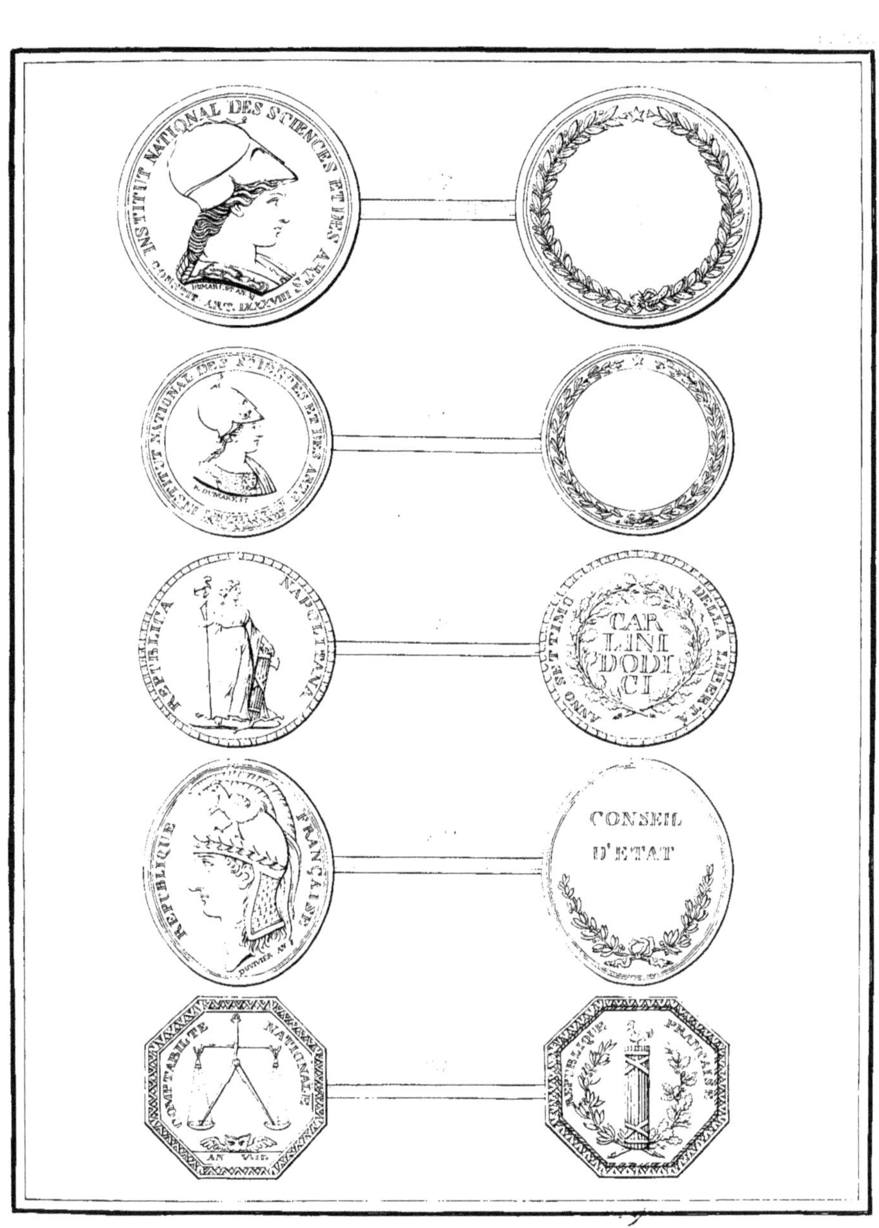
INSTITUT NATIONAL DES SCIENCES ET DES ARTS
INSTITUT NATIONAL DES SCIENCES ET DES ARTS
REPUBLICA NAPOLITANA
ANNO SETTIMO DELLA LIBERTA
CAR LINI DODI CI
REPUBLIQUE FRANÇAISE
CONSEIL D'ETAT
COMPTABILITE NATIONALE
AN VIII
REPUBLIQUE FRANÇAISE

LES FONCTIONNAIRES
ET LES HABITANS
DE L'ISLE D'ELBE
RECONNOISSANS
A P. J. BRIOT
EX COMMISSAIRE
DU GOUVERNEMENT

EN S'ELOIGNANT ELLES LES SERRENT.

VOTÉEN FRUCTIDOR AN X.
APRÈS LE DÉPART
DE P. J. BRIOT.

RÉPUBLIQUE FRANÇAISE
PREMIER
CONSUL
BONAPARTE
DEUX.me CONS.l
CAMBACÉRÈS
TROIS.me CONS.l
LEBRUN

COLONNE
DÉPARTEMENTALE
M.r LAROCHEFOUCAULT
PRÉFET DU DÉP.t
DE SEINE ET MARNE
A POSÉ LA 1.re PIERRE
LE 25 MESSIDOR AN 8
14 JUILLET 1800

14 JUILLET L'AN 9 DE L'ANNIVERSAIRE
GLOIRE
AUX ARMÉES
FRANÇAISES
L'AN 9

BONAPARTE 1.er CONSUL

PRÉSENTÉ
A L'ADMINISTRATION
DES MONNAIES
PAR M.r GATTEAUX
SECR.E MÉCHAN
DE L'ADM.ON
AN DIX.

PIECE
FRAPPÉE
EN VIROLE PLEINE
PAR UN NOUVEAU
PROCÉDÉ

PREMIER DE GERMINAL ... L'AN X

BONAPARTE PREMIER CONSUL

NICOLAS POUSSIN PEINTRE FRANÇAIS
ECOLE FRANÇAISE PREMIER PRIX DE PEINTURE
AN V
INSTITUTO
NAZIONALE
LIGURE
FESTA
DELLA
NAPOLEON EMPEREUR
2
baiocchi
Rep Rom

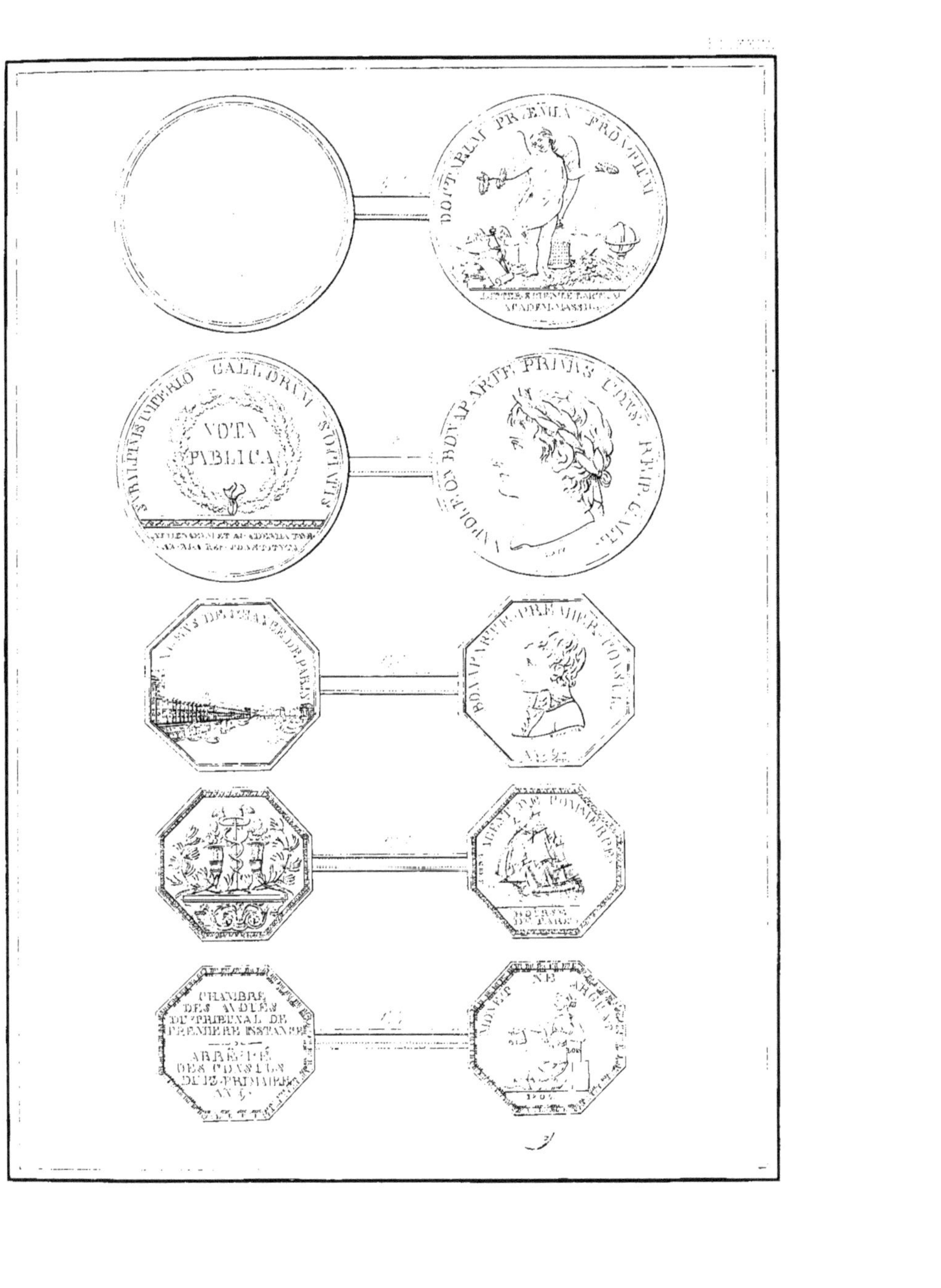

VOTA
PUBLICA
BONAPARTE PREMIER CONSUL
CHAMBRE
DES AVOUÉS

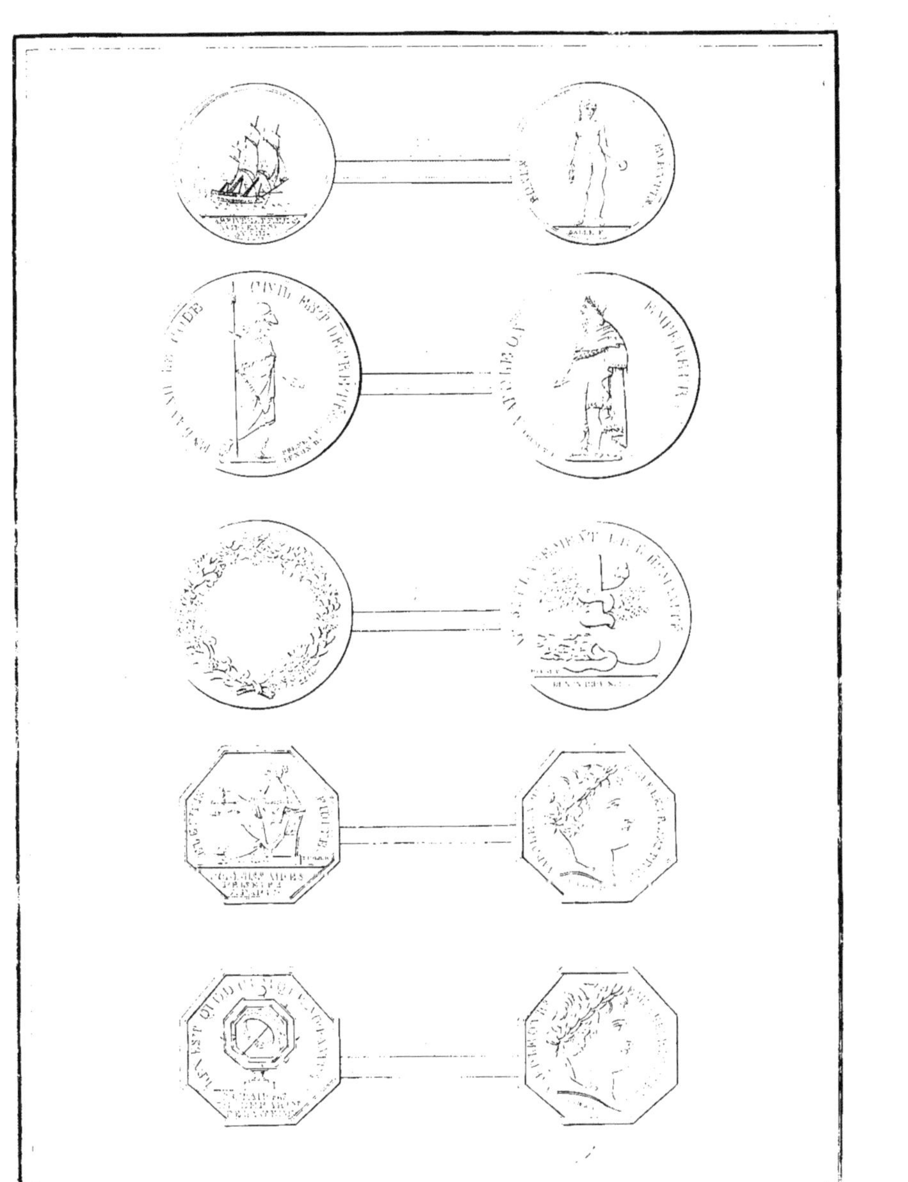

Pl. XXVI.

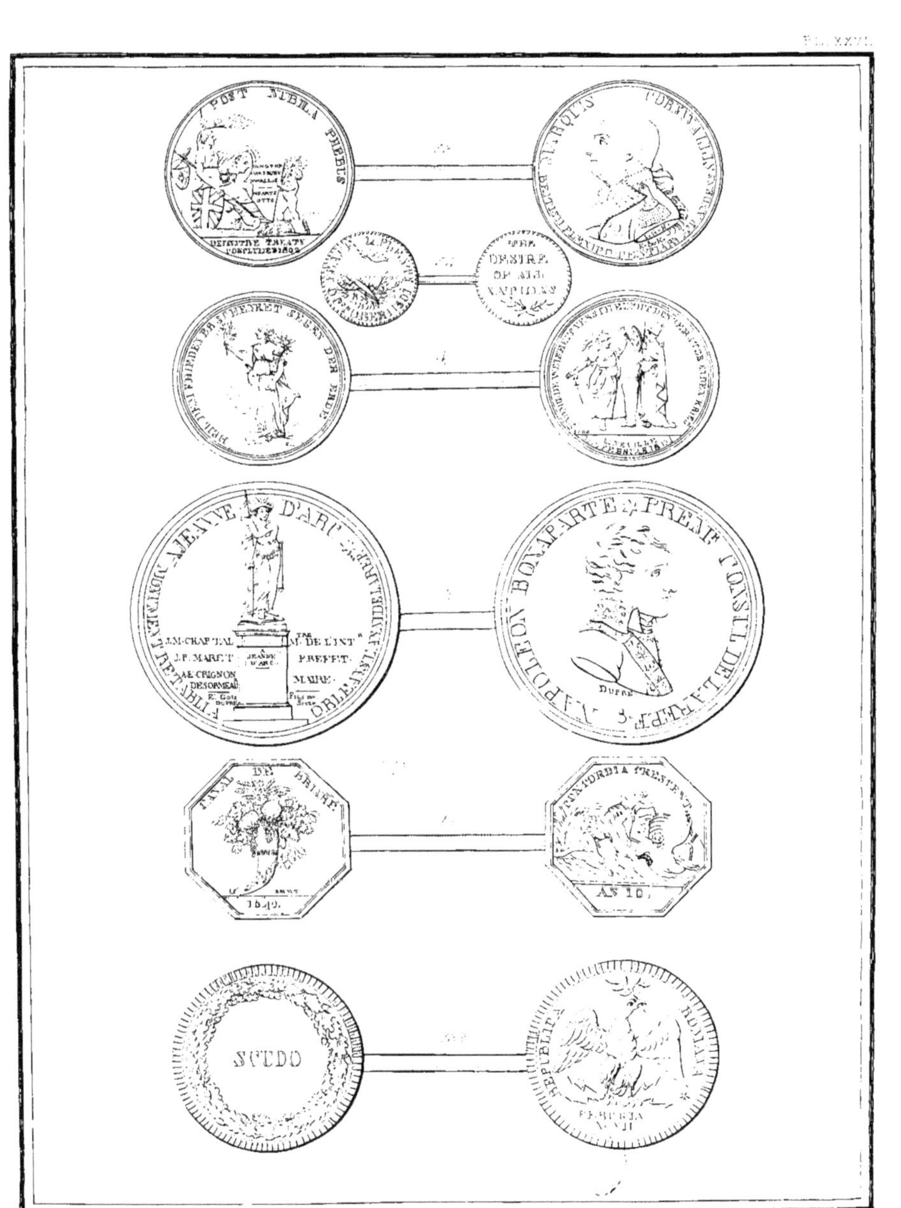

POST NUBILA PHOEBUS
DEFINITIVE TREATY
MARQUIS CORNWALLIS
THE DESIRE OF ALL NATIONS
JEANNE D'ARC
J.M. CHAPTAL
M. DE L'INT.R
J.P. MARET
PREFET.
A.E. CRIGNON DESORMEAU
MAIRE.
BONAPARTE PREM.R CONSUL DE LA REP.
DUPRE
DE BRIARE
AN 10.
SCUDO
REPUBLICA ROMANA

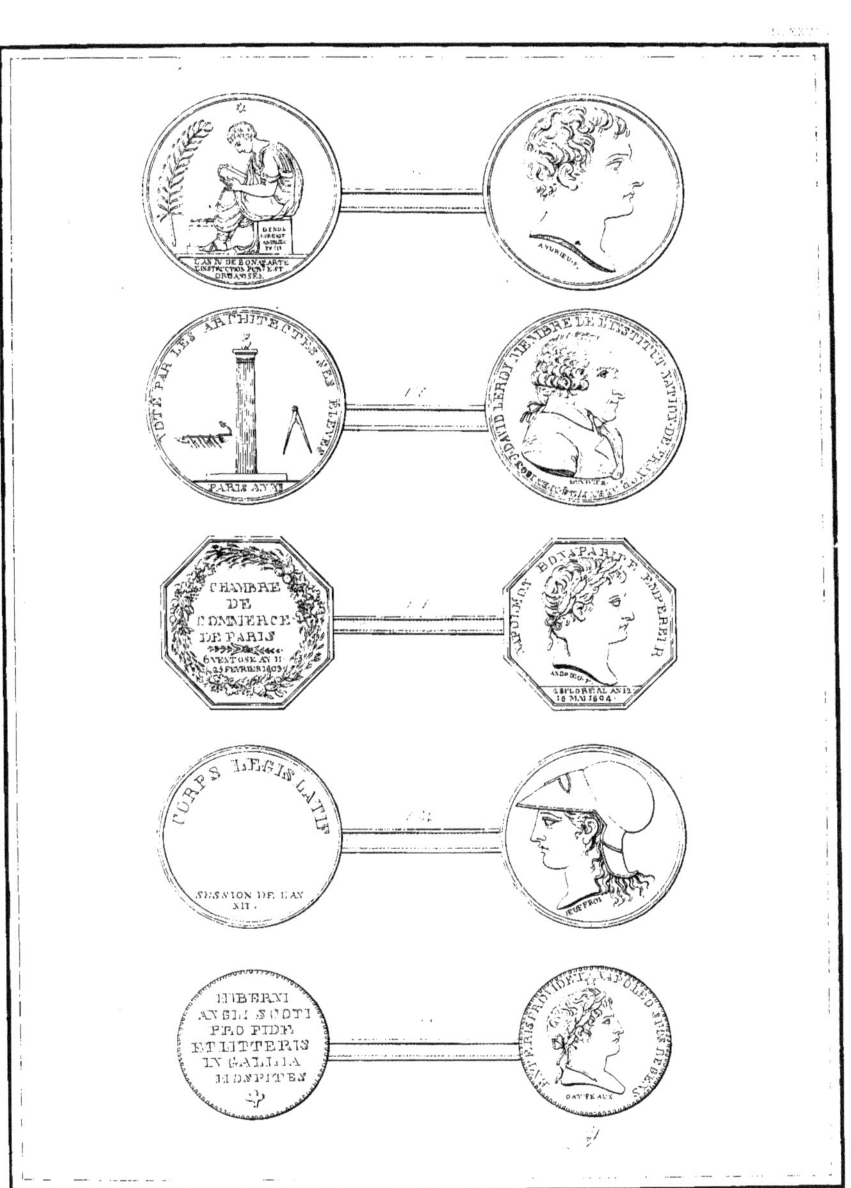

ORGANISÉE
PARIS AN XI
CHAMBRE
DE
COMMERCE
DE PARIS
6 VENTOSE AN 11
25 FEVRIER 1803
NAPOLEON BONAPARTE EMPEREUR
28 FLOREAL AN 12
18 MAI 1804
CORPS LEGISLATIF
SESSION DE L'AN
XII.
HIBERNI
ANGLI SCOTI
PRO FIDE
ET LITTERIS
IN GALLIA
HOSPITES

ÉCOLE CENTRAL ÉRIGÉ A GAP, PAR LES SOINS DE M. J. LADOUCETTE, PRÉFET DE M. S. E. M.

DÉPᵗ
DES Hᵗᴱˢ ALPES
CET ÉDIFICE A ÉTÉ
ÉLEVÉ EN L'AN XII
AVEC LES FONDS
OFFERTS ET FAITS
PAR LES COMMUNES
1804
L'AN PREMIER
DE
L'EMPIRE

NAPOLÉON PREMIER, EMPEREUR DES FRANÇAIS.

J. C. F. LADOUCETTE, PRÉFET, AU NOM DU DÉPARTEMENT DES HAUTES ALPES

LE MONT GENÈVRE OUVERT
22 GERMINAL AN XIII
12 AVRIL MDCCCIV.

NAPOLÉON BONAPARTE L'EMPEREUR ET LE HÉROS DES FRANÇAIS

ÉCOLE DE MÉDECINE DE PARIS.

PRIX
DE L'ÉCOLE
PRATIQUE
AN VI.

JEAN FERNEL AMBROISE PARÉ.

LA MÉDECINE RENDUE A SON
UNITÉ PRIMITIVE.
DÉCRET DU 14 FRIMAIRE
AN III DE LA R. F.

ÉCOLE
DE MÉDECINE
DE PARIS

A. XIII

SOCIÉTÉ
DE
MÉDECINE
DE
PARIS

4 GERMINAL
AN 4

CONSULTATIONS GRATUITES

22 MARS
1796

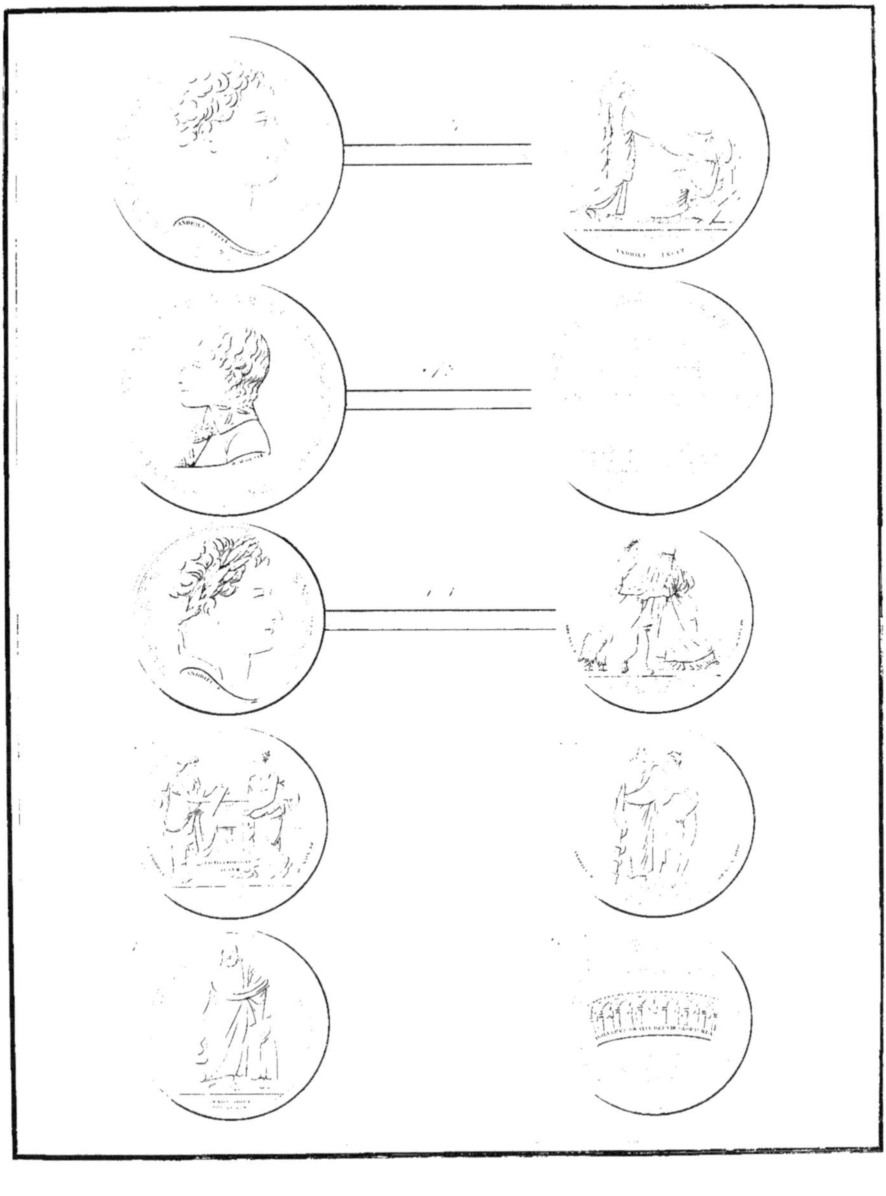

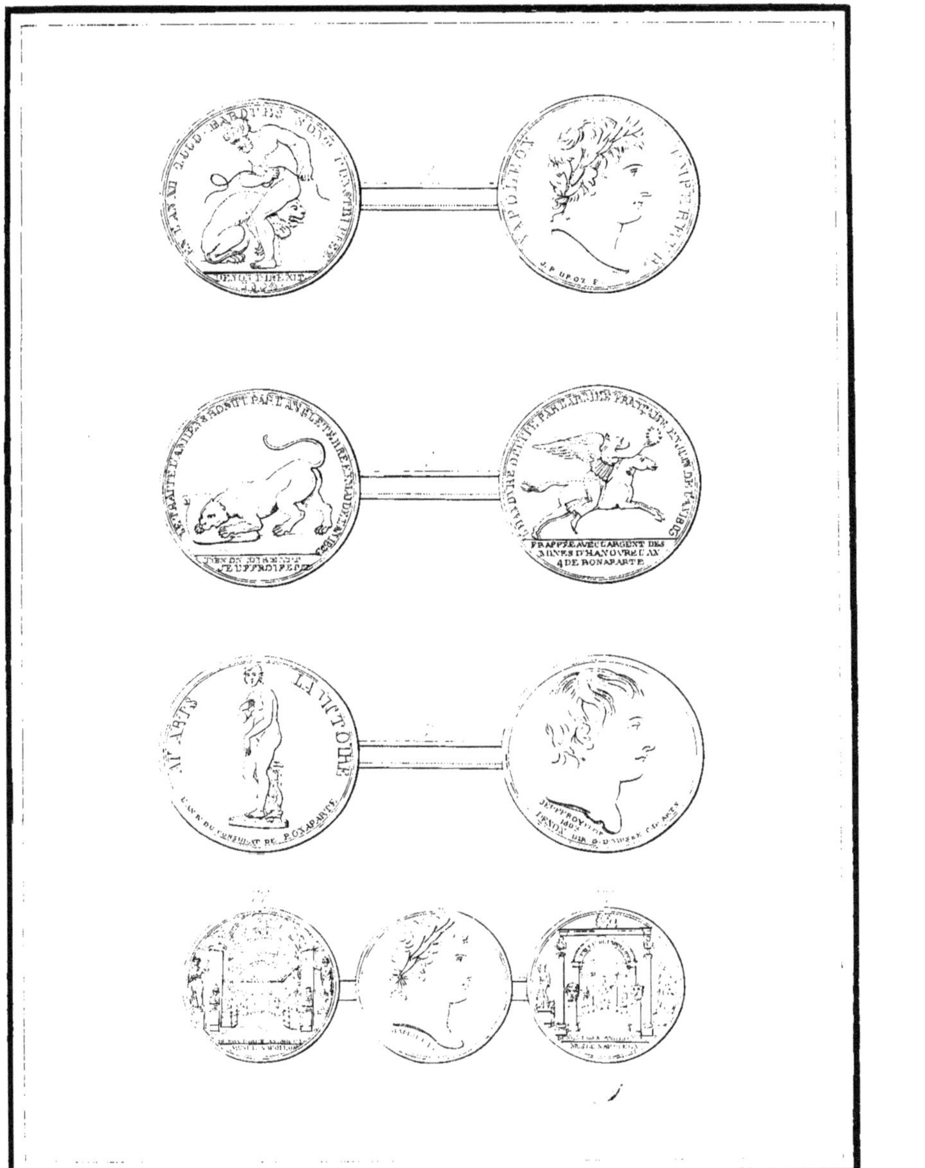
FRAPPÉE AVEC L'ARGENT DES
MINES D'HANOVRE L'AN
4 DE BONAPARTE

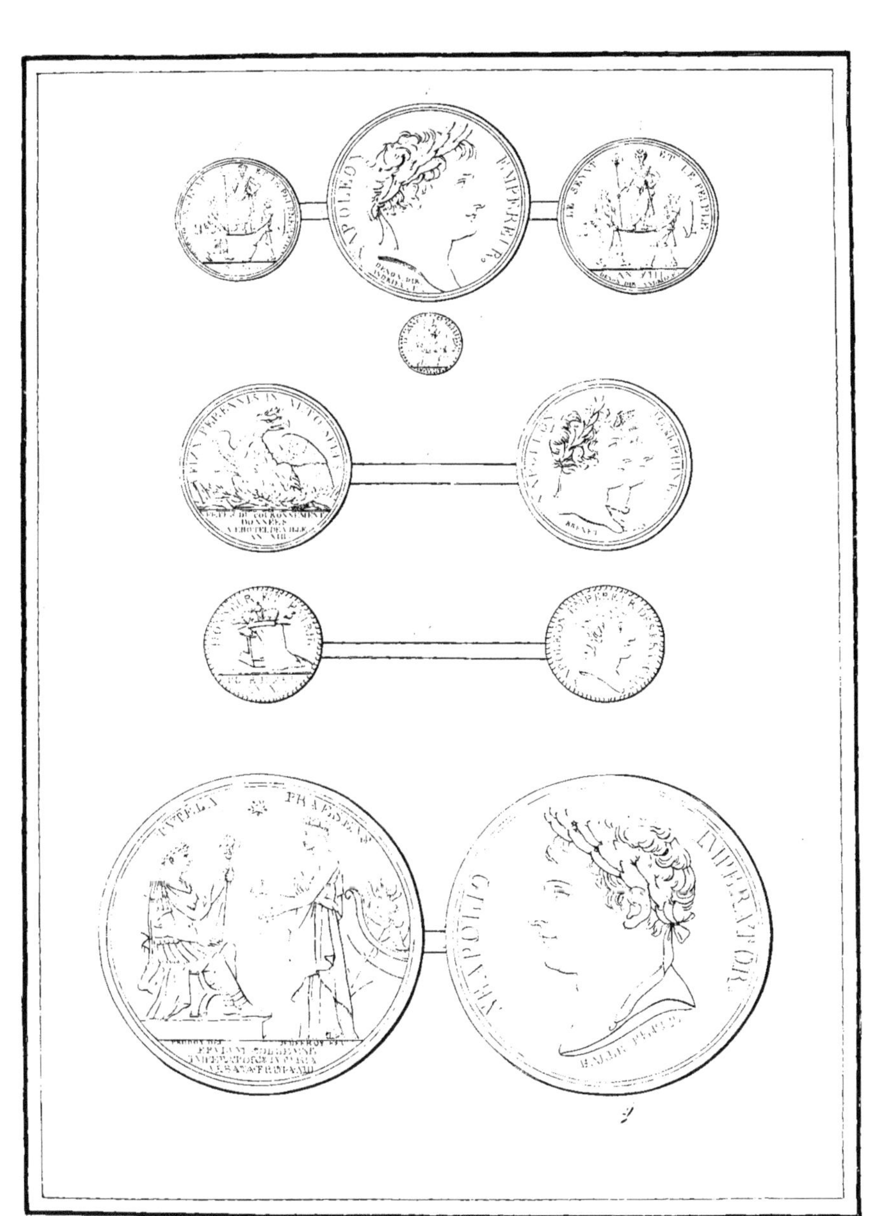
EMPEREUR
LE SENAT ET LE PEUPLE
AN XIII
FETES DU COURONNEMENT
DONNÉES
A L'HOTEL DE VILLE
AN XIII
TUTELA PRAESENS
IMPERATOR

DIGNIORIBUS
MUNERANDIS
FELICI·FAUSTOQ·ADVENTUI
S·P·Q·LIGUR
NAPOLEON ROI D'ITALIE
NAPOLEON EMPEREUR

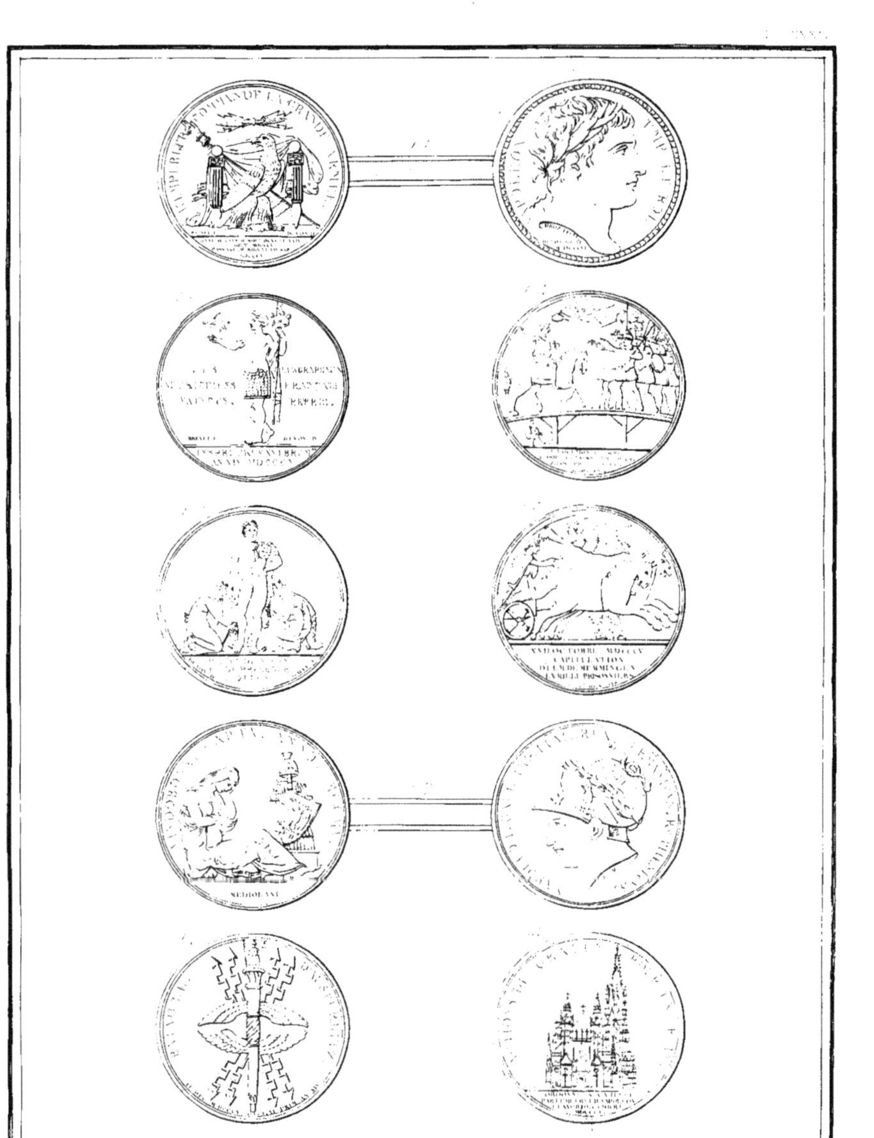

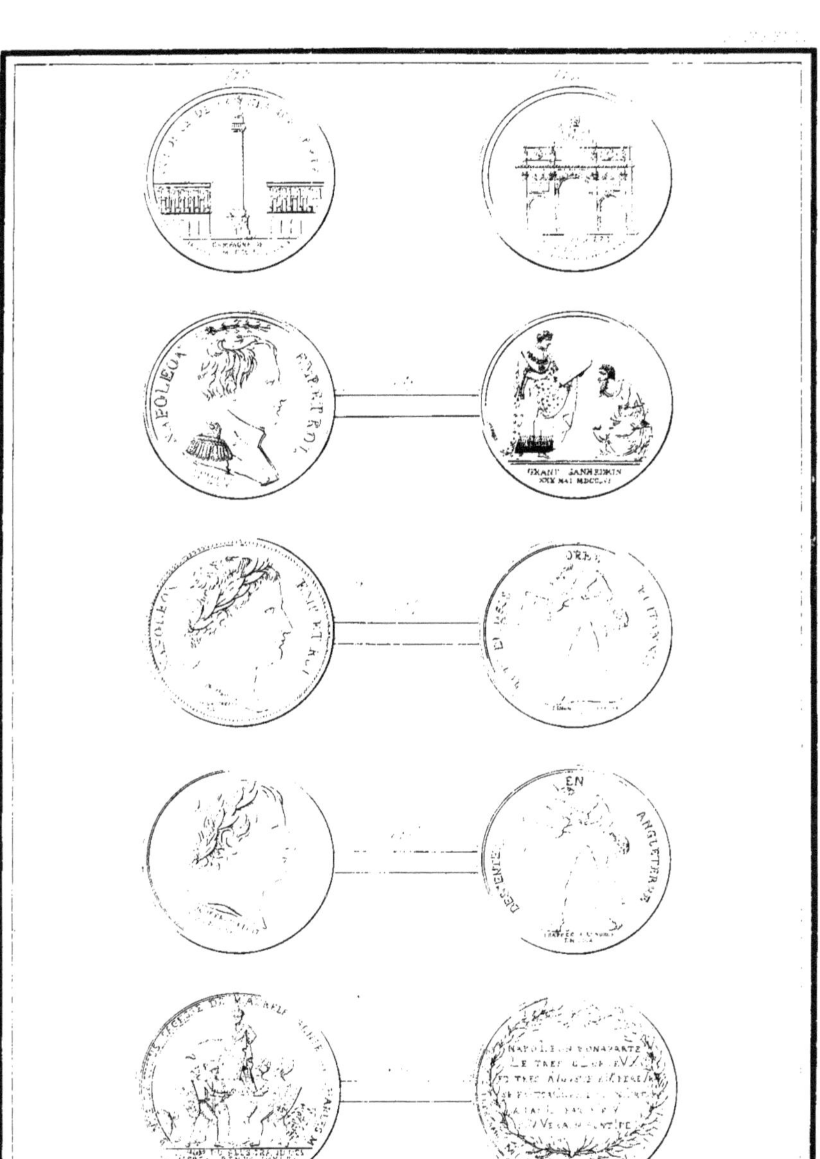
EN
ANGLETERRE

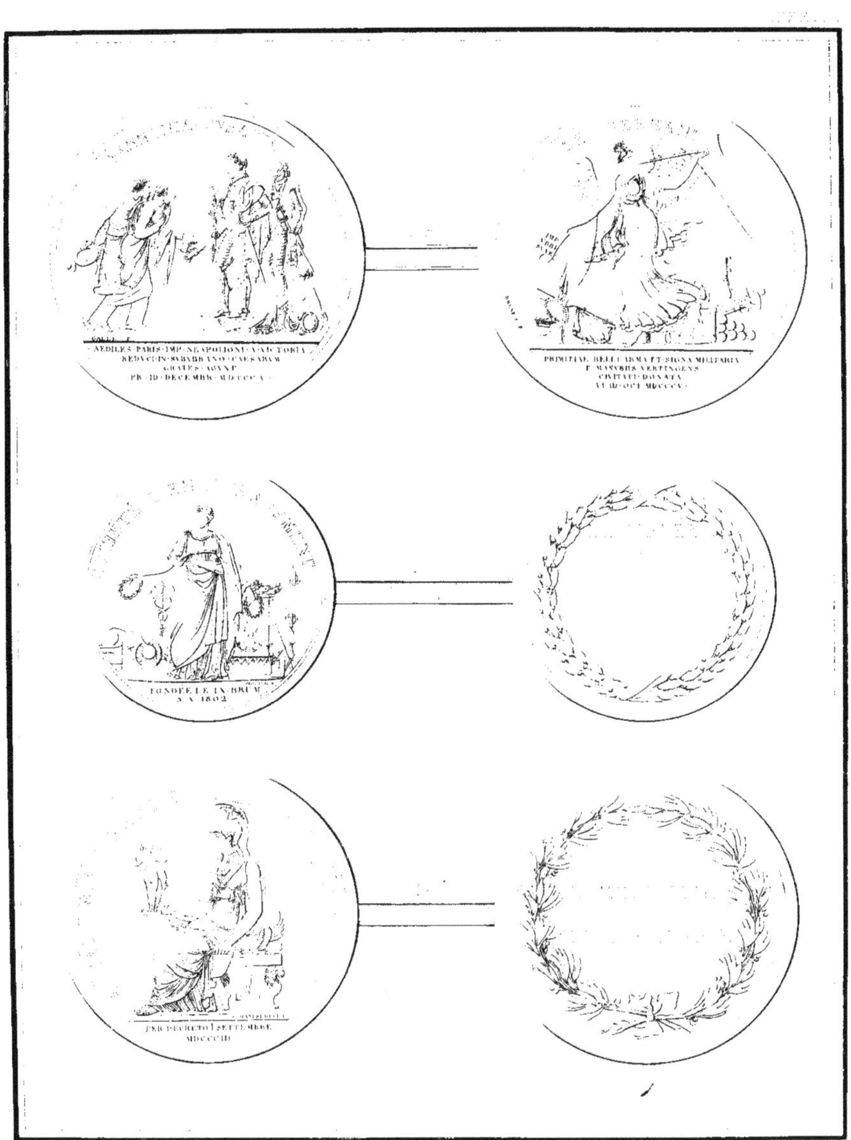
AEDILES·PARIS·IMP·
GRATES·AGVNT
PRIMITIAE BELLI ARMA ET SIGNA MILITARIA
CIVITATI·DONATA
FONDÉE LE IX BRUM
1802
PER DECRETO I SETTEMBRE
MDCCCIII

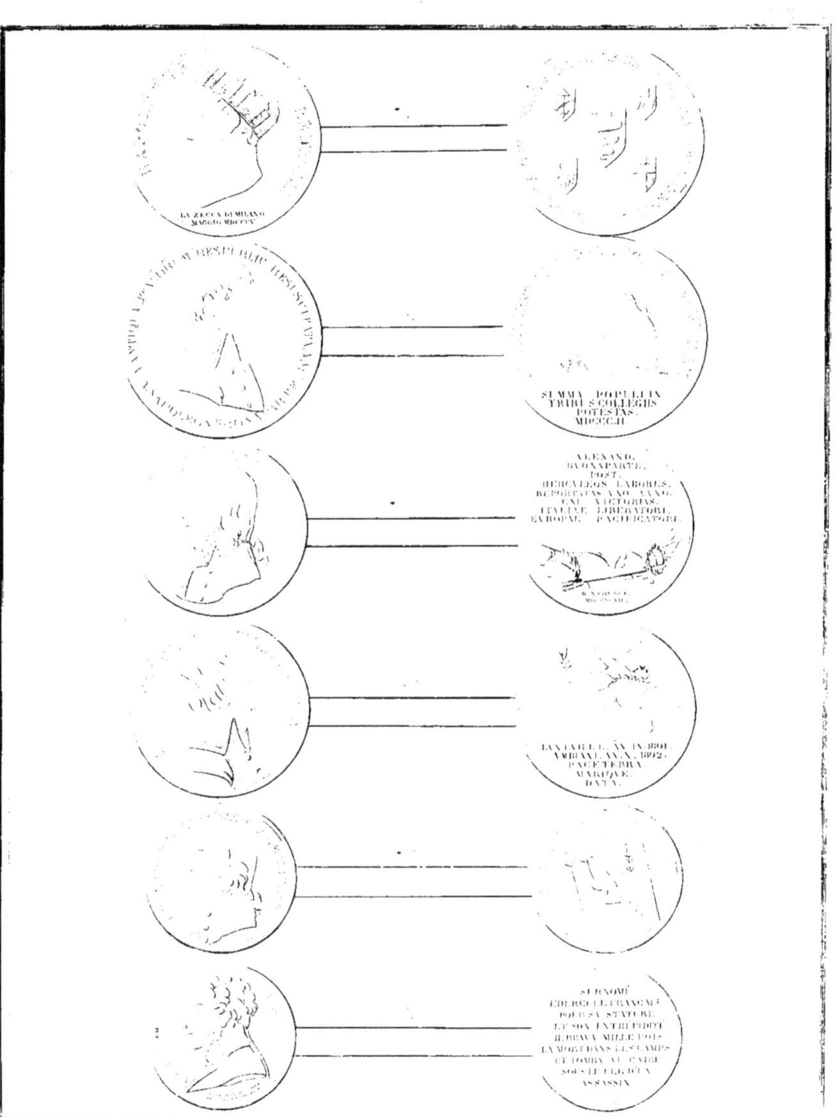
LA ZECCA DI MILANO
MAGGIO MDCCCV
SVMMA POPVLI IN
TRIBVS COLLEGIIS
POTESTAS.
MDCCCII.
ALEXAND.
BVONAPARTE.
POST.
HERCVLEOS LABORES.
REPORTATAS VNO ANNO.
CXL VICTORIAS.
ITALIAE LIBERATORI.
EVROPAE PACIFICATORI.
LVNEVILLE. AN IX. 1801.
AMBIANI. AN X. 1802.
PACE TERRA
MARIQVE
DATA.
SURNOMMÉ
L'HERCULE FRANÇAIS
POUR SA STATURE
ET SON INTRÉPIDITÉ
IL BRAVA MILLE FOIS
LA MORT DANS LES CAMPS
ET TOMBA AU CAIRE
SOUS LE FER D'UN
ASSASSIN

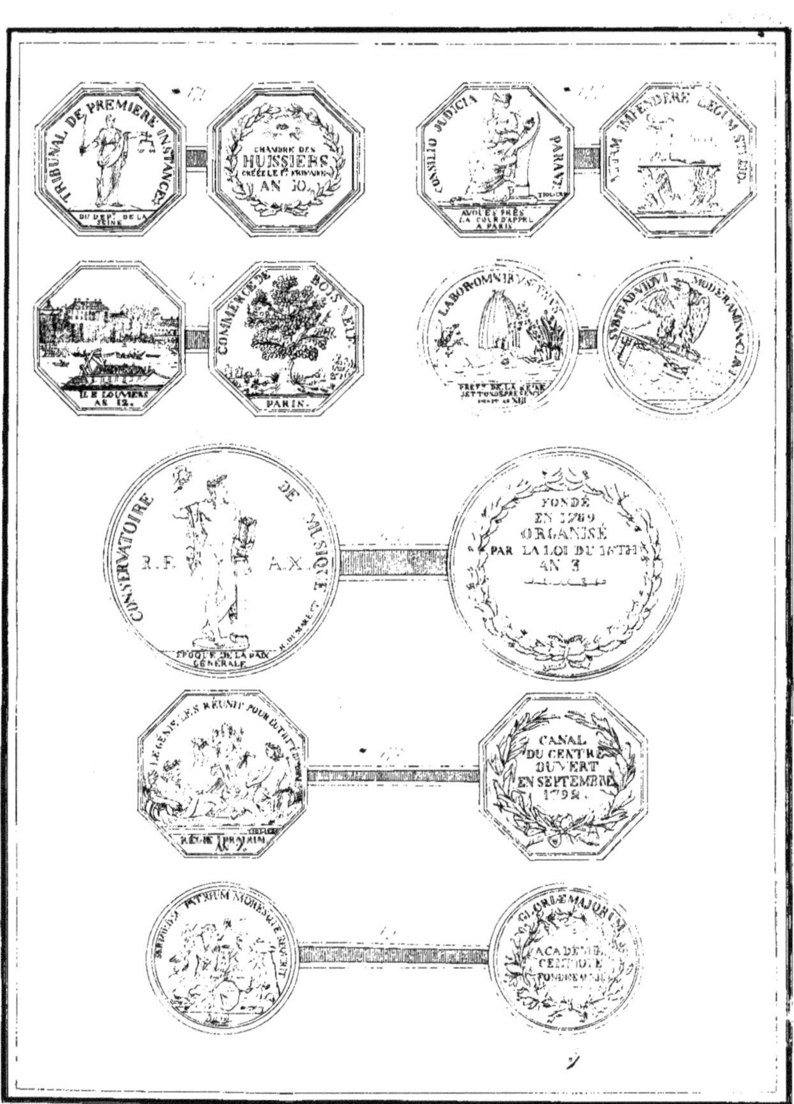
TRIBUNAL DE PREMIERE INSTANCE
DU DEPT DE LA SEINE
CHAMBRE DES
HUISSIERS
AN 10.
CONSILIO JUDICIA PARANT
A PARIS
AN 12.
COMMERCE DE BOIS
PARIS.
CONSERVATOIRE DE MUSIQUE
R.F. A.X.
EPOQUE DE LA PAIX
GÉNÉRALE
FONDÉ
EN 1789
ORGANISÉ
AN 3
CANAL
DU CENTRE
OUVERT
EN SEPTEMBRE
1792.

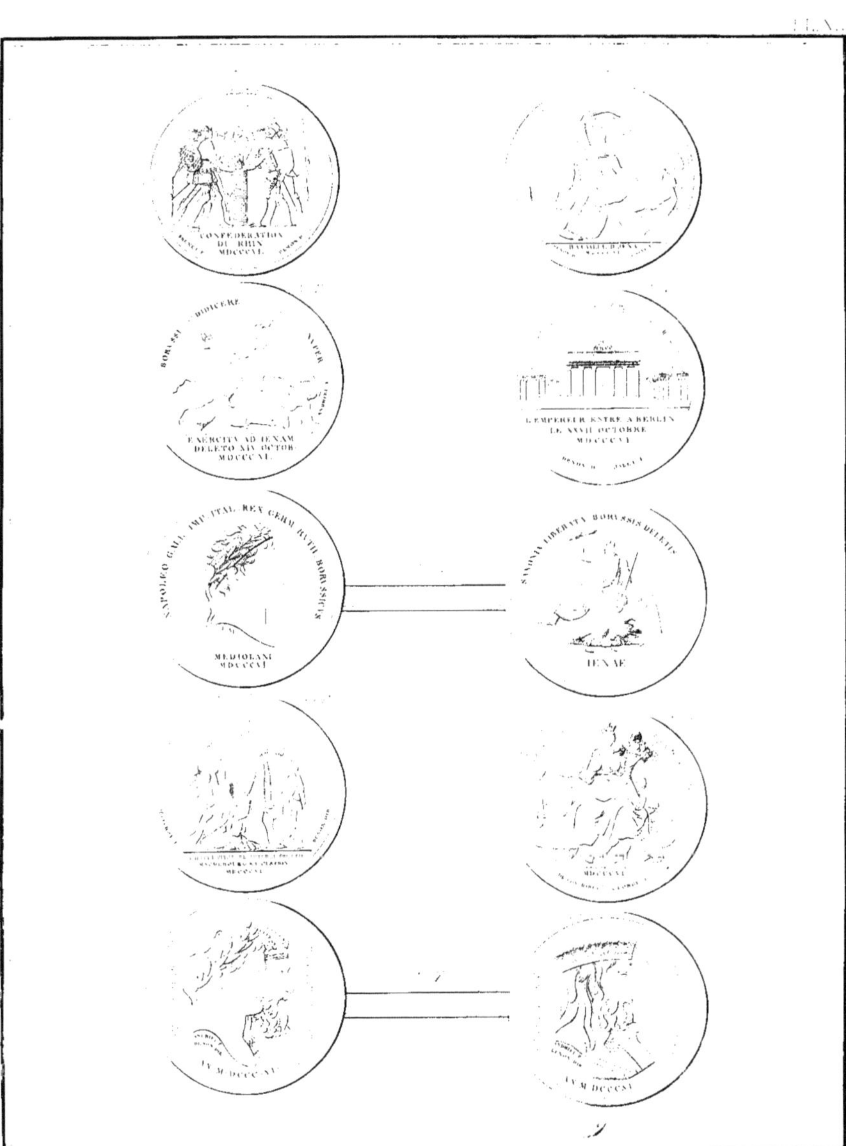
CONFEDERATION
DU RHIN
MDCCCVI.
EXERCITU AD IENAM
DELETO XIV OCTOB.
MDCCCVI.
L'EMPEREUR ENTRE A BERLIN
LE XXVII OCTOBRE
MDCCCVI
SAXONIA LIBERATA BORUSSIS DELETIS
IENAE
MEDIOLANI
MDCCCVI

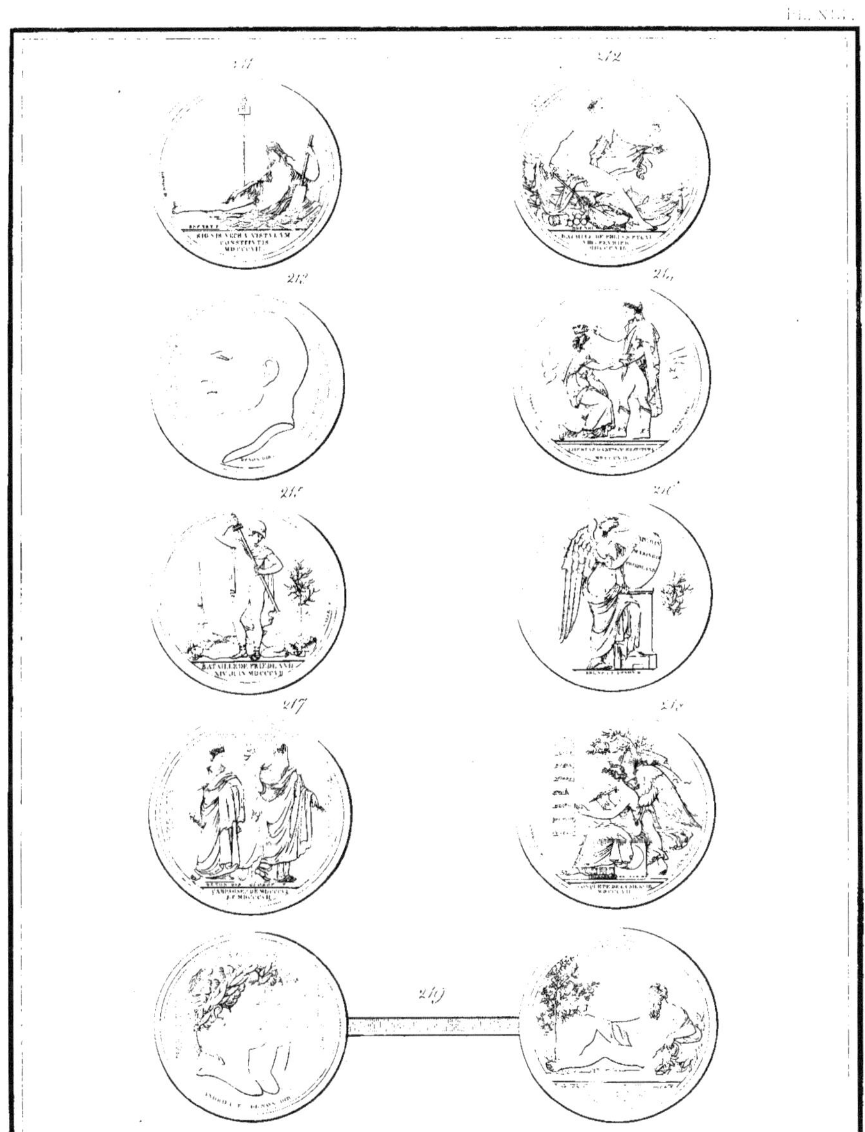
212
215
217
219

PL. XLII.

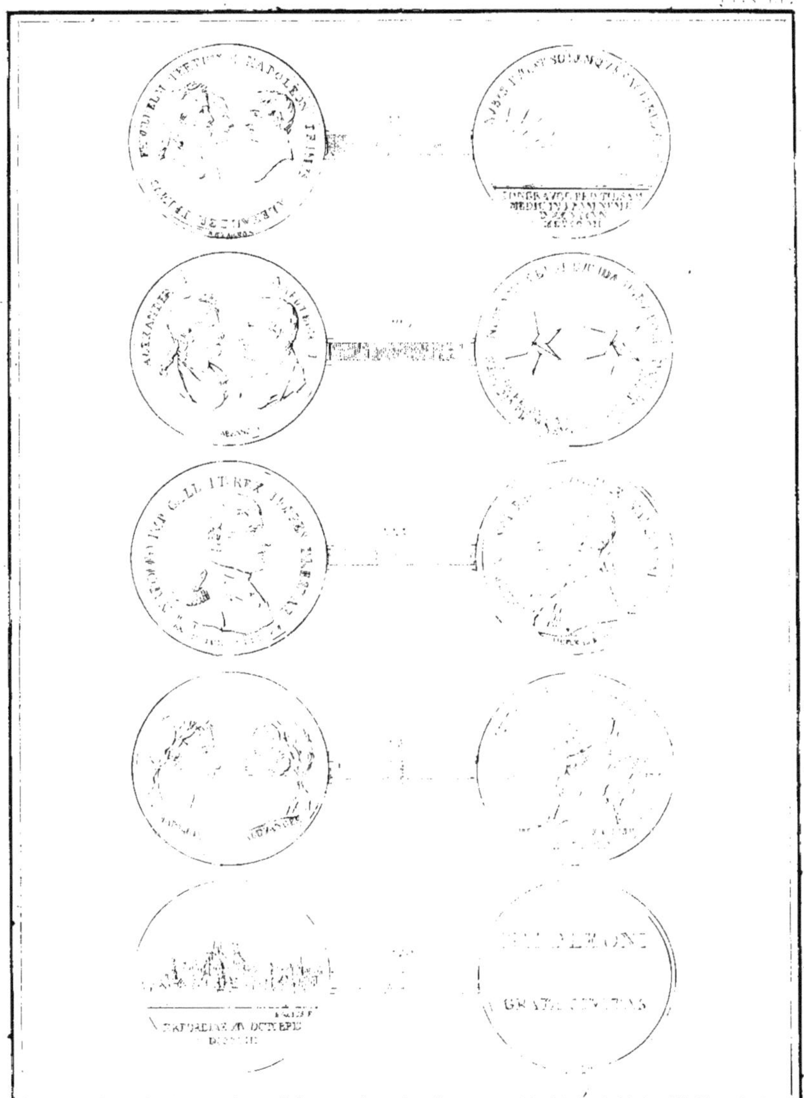

Pl. XLIV.

TEMPLUM JANI
TRAITÉ DE PRESBOURG
ROMPU PAR L'AUTRICHE
NAPOLEO GALL. OR. IMP. ITAL. REX PROTECT. FOEDERAT. RHEN.
AGGRESSUS MAGNUM RESCINDERE COELUM
PORTE St MARTIN
L'EMPEREUR PART DE PARIS
LE XIII AVRIL
MDCCCIX
PORTE DE CARINTHIE
L'EMPEREUR ENTRE A VIENNE
LE XIII MAI MDCCCIX

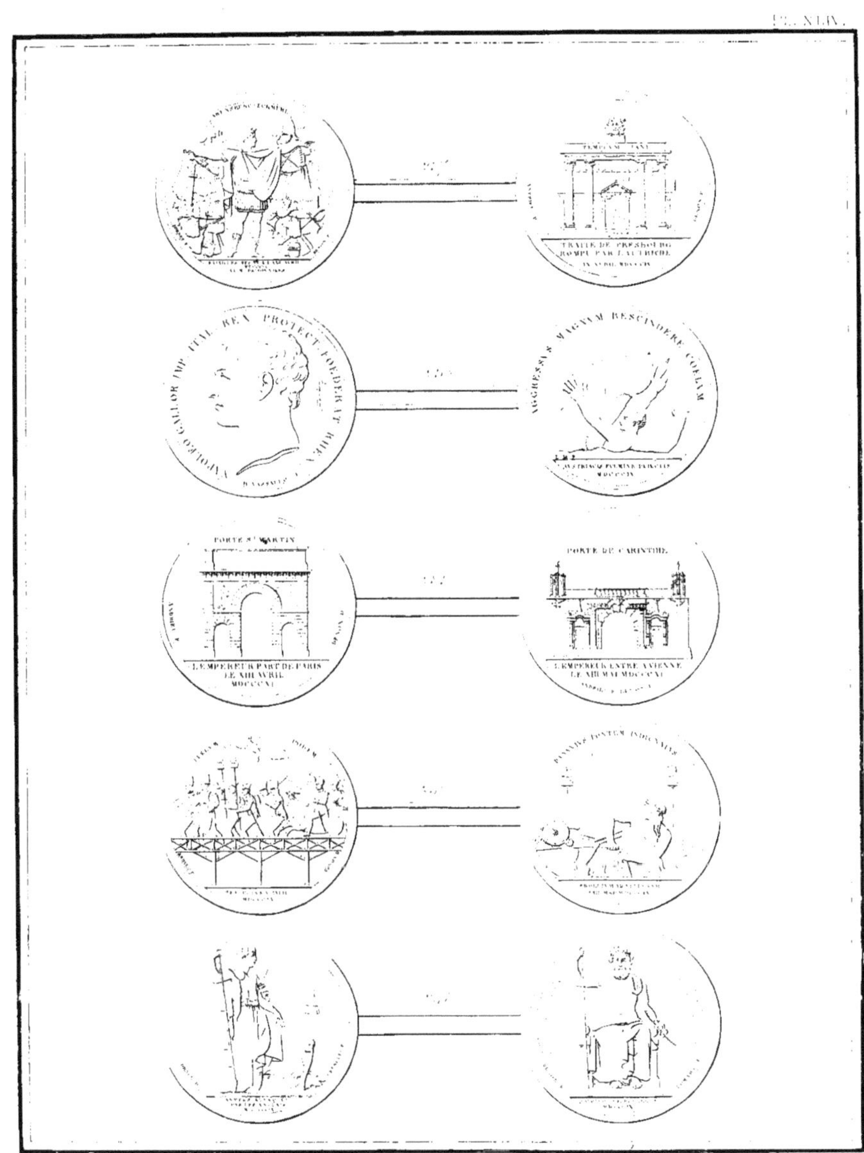

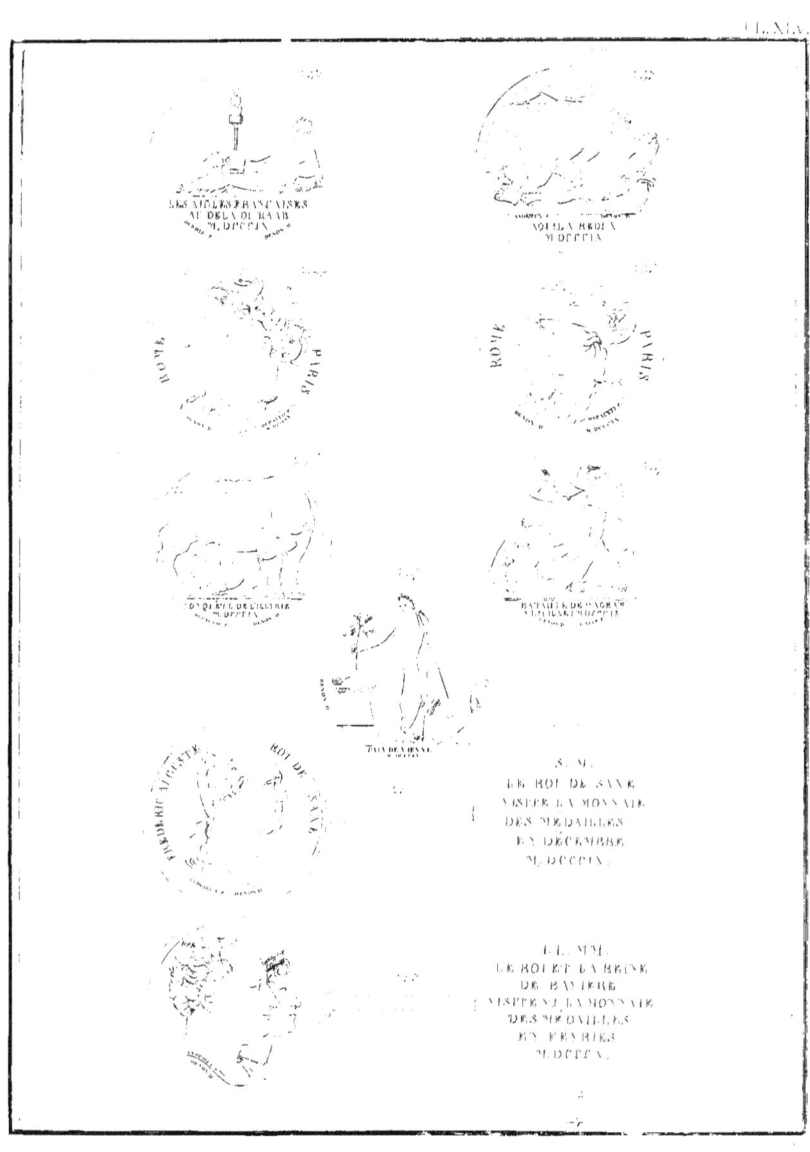
LES AIGLES FRANÇAISES
AU DELÀ DU RAAB
M.DCCCIX
AQUILA REDUX
M.DCCCIX
ROME
PARIS
ROME
PARIS
BATAILLE DE WAGRAM
PAIX DE VIENNE
FREDERIC AUGUSTE
ROI DE SAXE
S. M.
LE ROI DE SAXE
VISITE LA MONNAIE
DES MÉDAILLES
EN DÉCEMBRE
M.DCCCIX.
LL. MM.
LE ROI ET LA REINE
DE BAVIÈRE
VISITENT LA MONNAIE
DES MÉDAILLES
EN FÉVRIER
M.DCCCX.

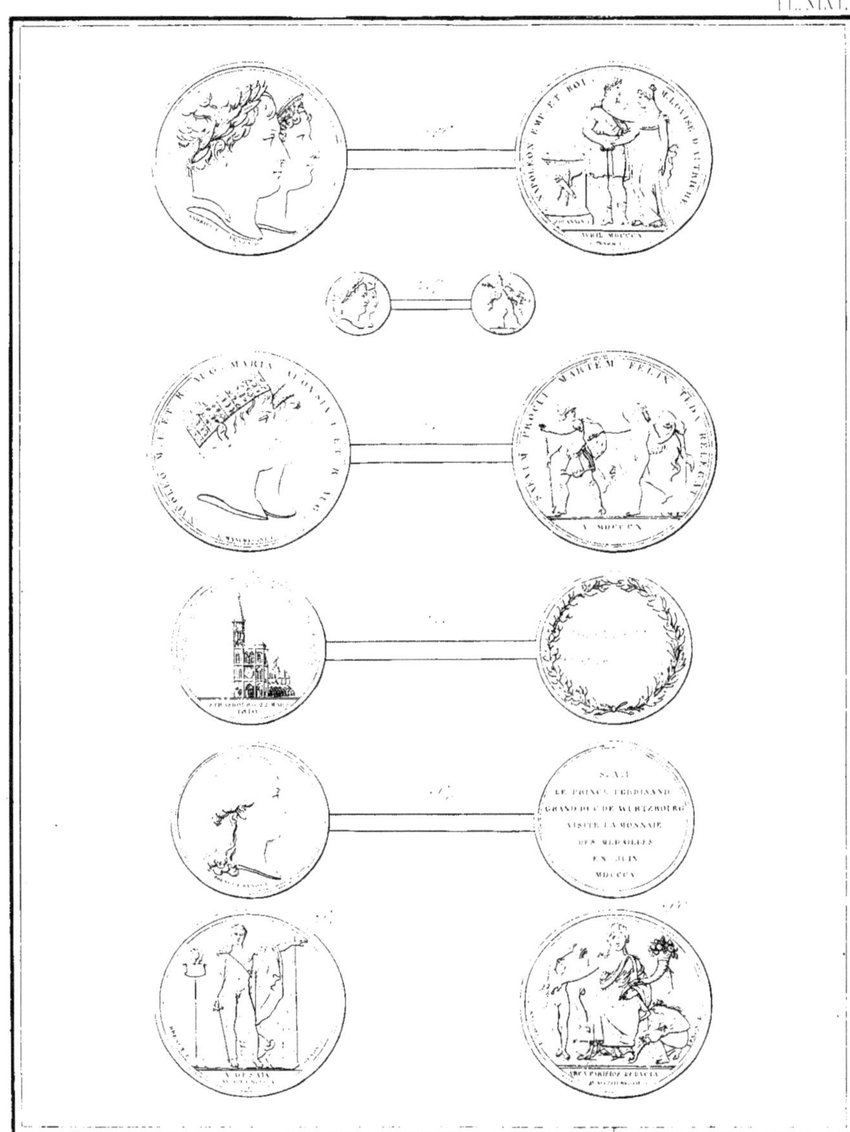
NAPOLEON EMP. ET ROI
M. LOUISE D'AUTRICHE
V MDCCCX
STRASBOURG 22 MARS
1810
S.A.I.
LE PRINCE FERDINAND
GRAND DUC DE WURTZBOURG
VISITE LA MONNAIE
DES MEDAILLES
EN JUIN
MDCCCX

Pl. XLVII.

259
260
NAPOLEON GALL IMP ITALIAE REX M LUDOVICA FRANC AUST IMP FIL A A
FELICIBVS NVPTIIS
VINDOB XI MARTII
MDCCCX
261
XI MARTII
MDCCCX
262
263
FELICIBVS
NVPTIIS

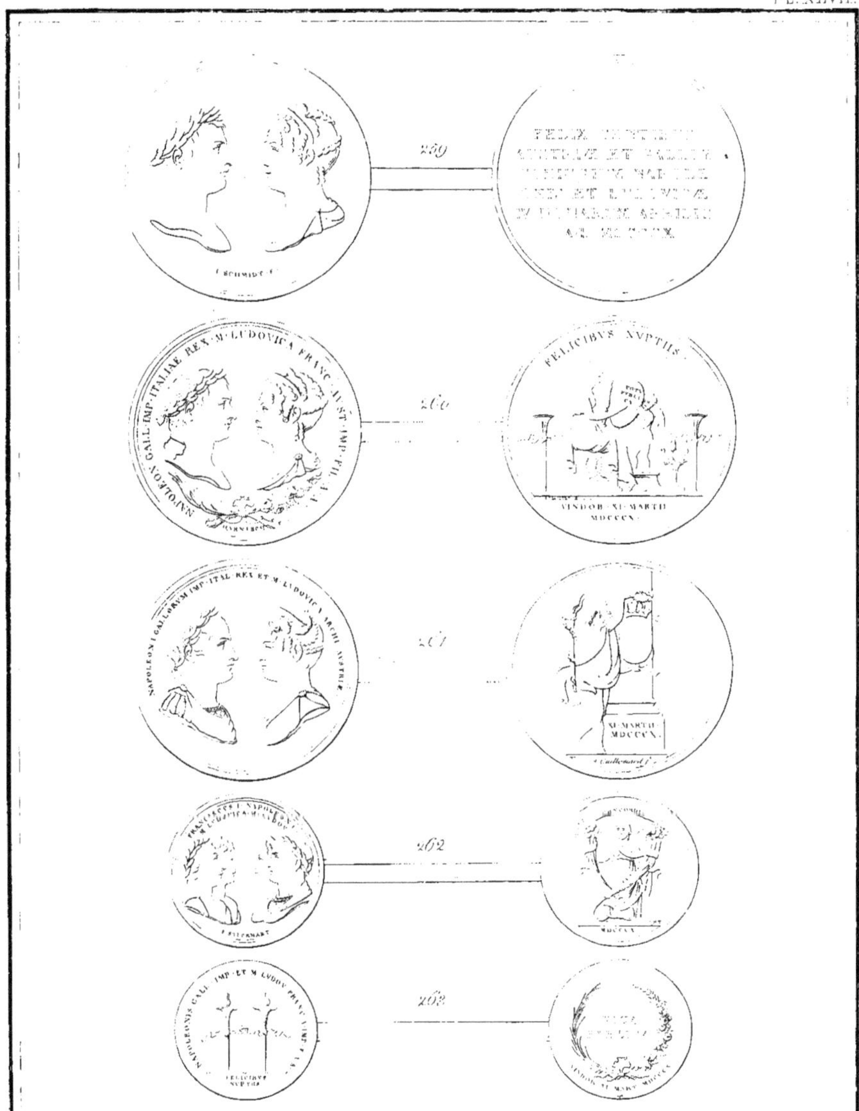

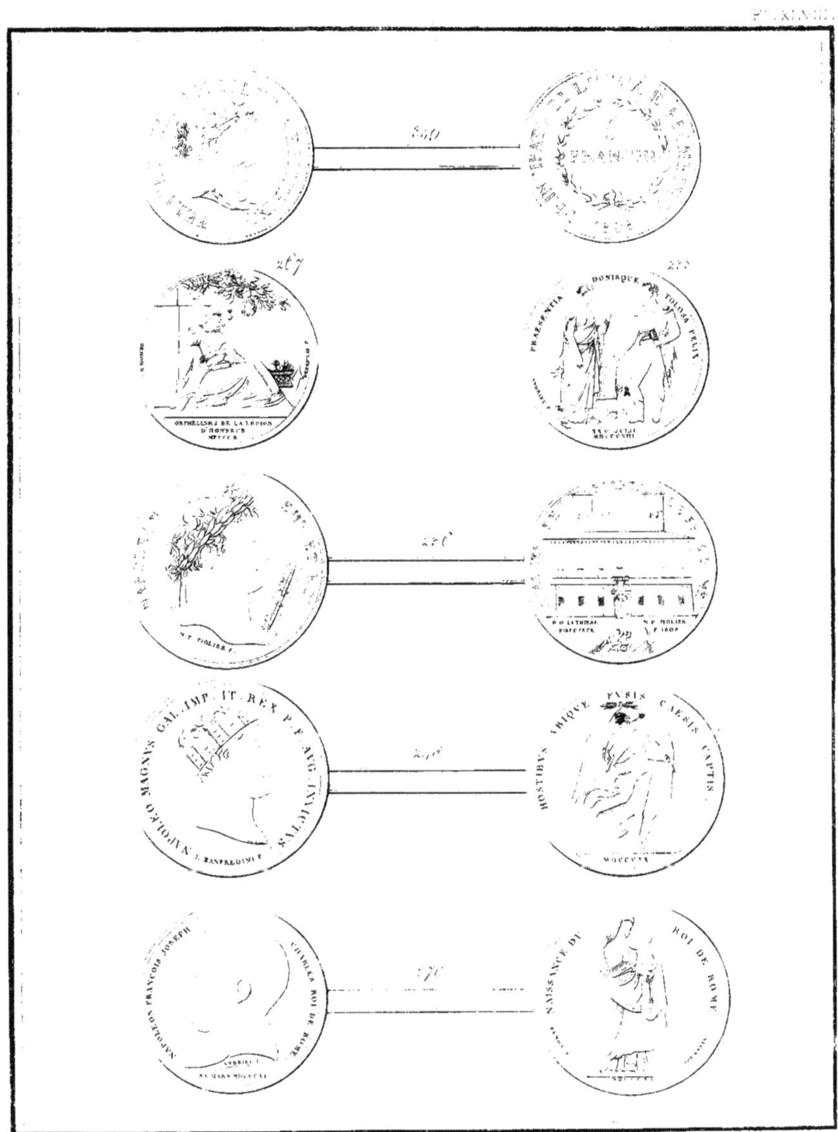

ORPHELINES DE LA LEGION
D'HONNEUR
PRAESENTIA DONISQUE TOLOSA FELIX
NAPOLEO MAGNVS GAL. IMP. IT. REX P. F. AUG. INVICTUS
HOSTIBVS VBIQVE FVSIS CAESIS CAPTIS
NAPOLEON FRANCOIS JOSEPH CHARLES ROI DE ROME
NAISSANCE DU ROI DE ROME

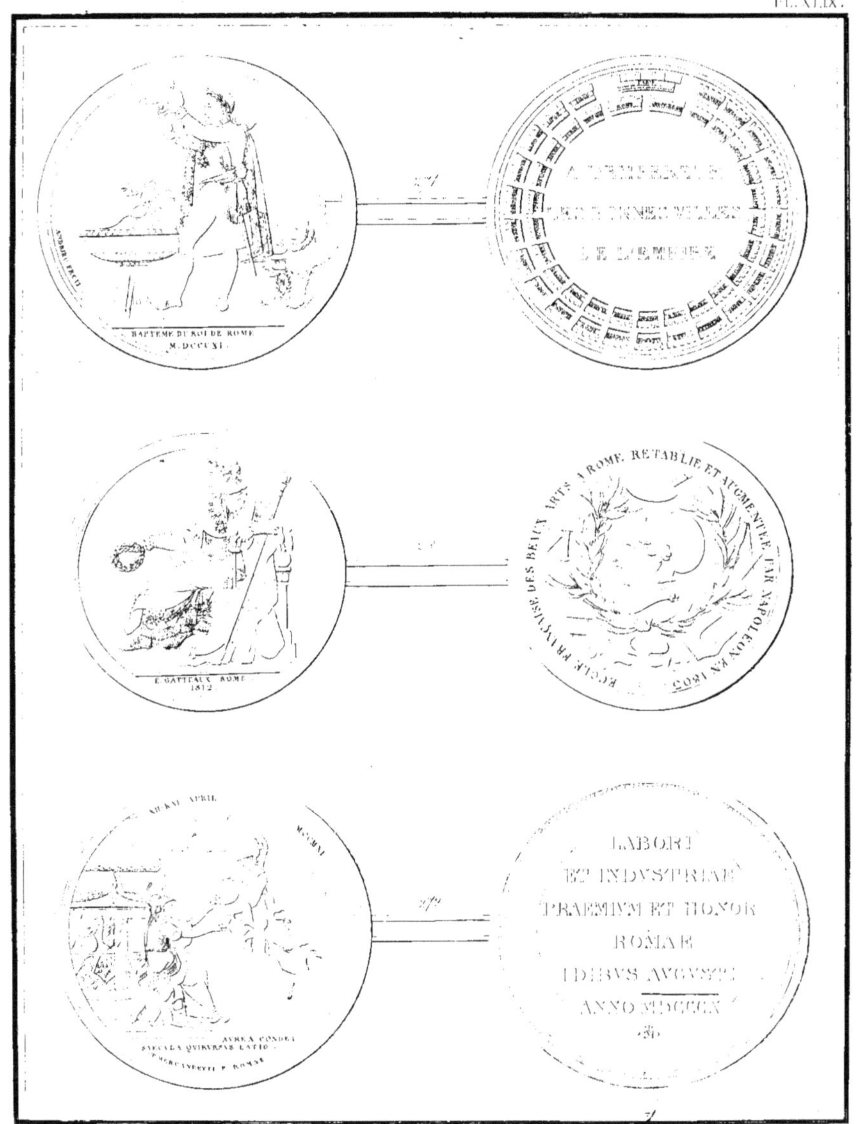
BAPTEME DU ROI DE ROME
M.DCCCXI.
E. GATTEAUX ROME
1812.
ECOLE FRANÇAISE DES BEAUX ARTS A ROME RETABLIE ET AUGMENTEE PAR NAPOLEON EN 1802
LABORI
ET INDVSTRIAE
PRAEMIVM ET HONOR
ROMAE
IDIBVS AVGVSTI
ANNO MDCCCX
AVREA CONDET
SAECVLA QVIRURSVS LATIO

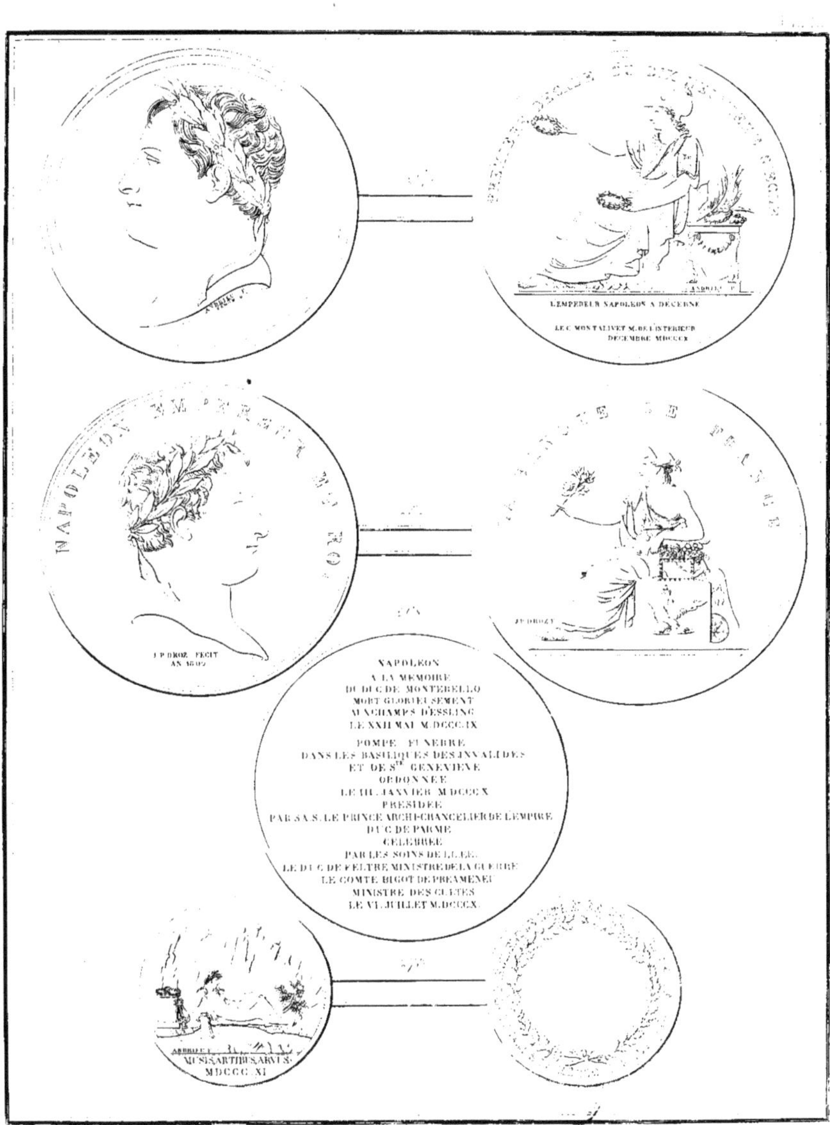
L'EMPEREUR NAPOLEON A DECERNE
LE C. MONTALIVET M. DE L'INTERIEUR
DECEMBRE MDCCCX
NAPOLEON EMPEREUR ET ROI
J.P. DROZ FECIT
J.P. DROZ
NAPOLEON
A LA MEMOIRE
DU DUC DE MONTEBELLO
MORT GLORIEUSEMENT
AUX CHAMPS D'ESSLING
LE XXII MAI M.DCCC.IX
POMPE FUNEBRE
DANS LES BASILIQUES DES INVALIDES
ET DE S^TE GENEVIEVE
ORDONNEE
LE III. JANVIER M.DCCCX
PRESIDEE
PAR S.A.S. LE PRINCE ARCHI-CHANCELIER DE L'EMPIRE
DUC DE PARME
CELEBREE
PAR LES SOINS DE LL.EE.
LE DUC DE FELTRE MINISTRE DE LA GUERRE
LE COMTE BIGOT DE PREAMENEU
MINISTRE DES CULTES
LE VI. JUILLET M.DCCCX.
MUSIS ARTIBUS ARVIS
MDCCCXI

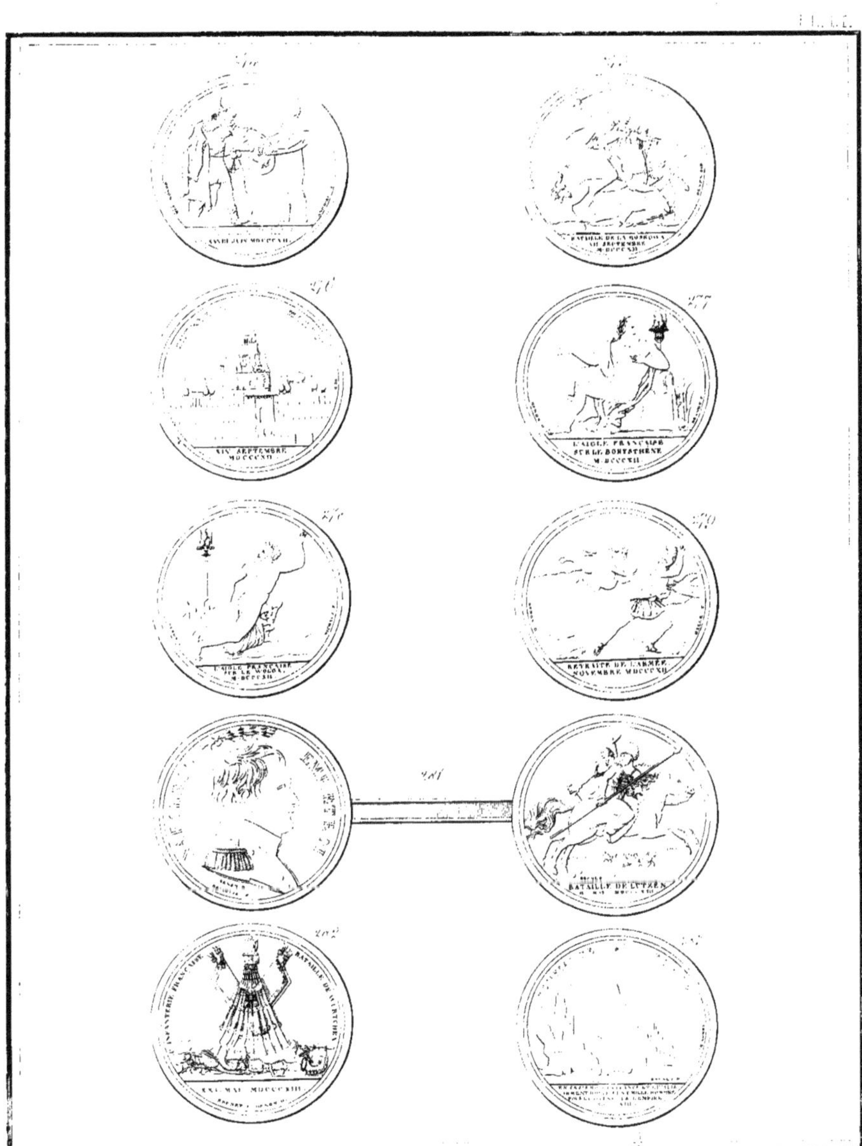

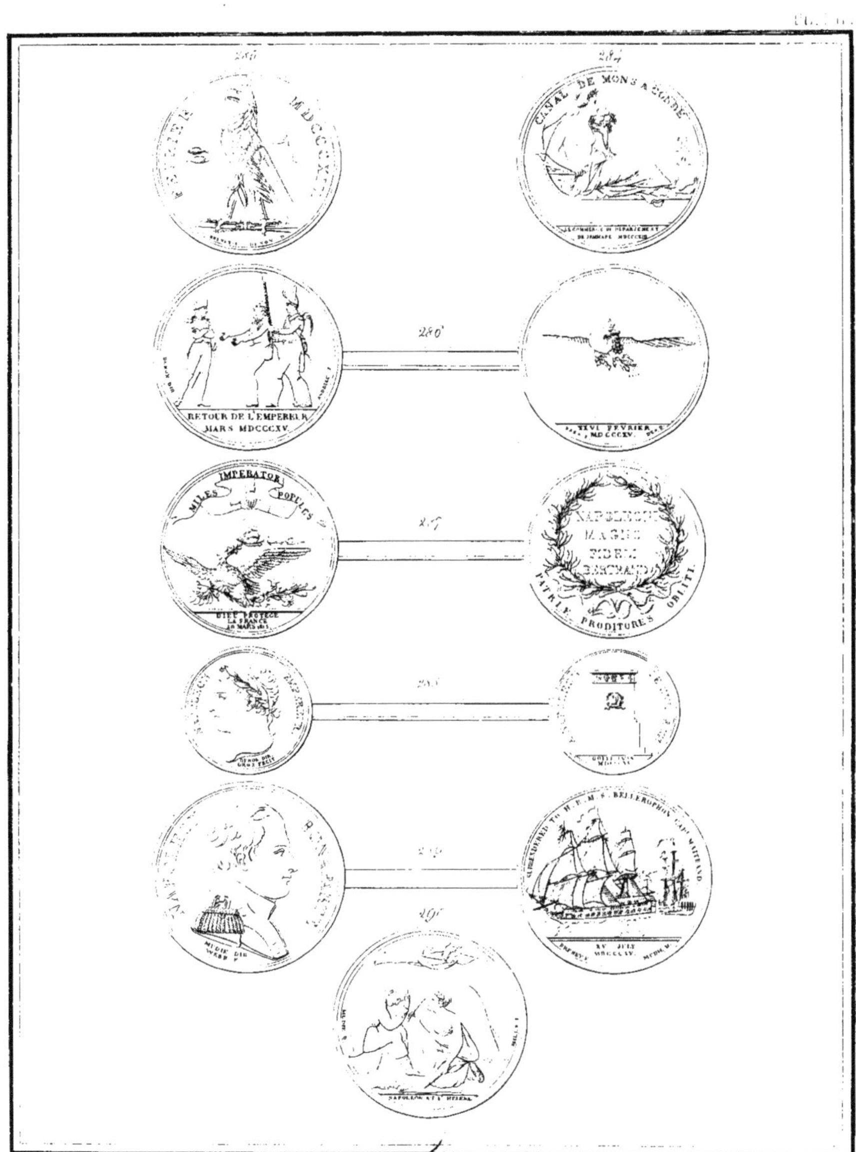

CANAL DE MONS A CONDE
RETOUR DE L'EMPEREUR
MARS MDCCCXV
XXVI FEVRIER
MDCCCXV
IMPERATOR
MILES
DIEU PROTEGE
LA FRANCE
PRODITORES
BELLEROPHON
XV JULY

S. A. I.
LA PRINCESSE ELISA
GRANDE DUCHESSE
DE TOSCANE
VISITE LA MONNAIE
DES MEDAILLES
S. M.
LA REINE HORTENSE
VISITE LA MONNAIE
DES MEDAILLES
S. A. E.
CHARLES
PRINCE DE BADE
VISITE LA MONNAIE
DE PARIS.
5 AVRIL 1806.
ROI DE BAVIERE
S. A. R.
PRINCE DE BAVIERE
VISITE LA MONNAIE
DE PARIS.
3 MARS 1806.
ROI DE SAXE
S. M.
LE ROI DE SAXE
VISITE LA MONNAIE
IMPERIALE DE PARIS
LE 7 DECEMBRE
1809.
MAXIMILIEN JOSEPH
L. L. M. M.
LE ROI ET LA REINE
DE BAVIERE
VISITENT LA MONNAIE
IMPERIALE DE PARIS
1810.
HEUR
ET
MALHEUR

AVOUES DE VILLEFRANCHE
301
LEGE DUCE FLORET IMPERIUM.
ACADÉMIE IMPÉRIALE DE MUSIQUE
304
COMPAGNIE DES SALINES DE L'EST.
HOTEL DE VILLE DE ROUEN
305
COMPAGNIE DES SALINES DE L'EST.
306
QUO NON HAC DUCE
307
SOCIETE D'AGRICULTURE SCIENCES ET ARTS.
DEPARTEM. DE L'EURE EVREUX 1807.
CHAMBRE DE COMMERCE D'ANVERS.
MDCCCIX
309
COMMERCE DE LA BOUCHERIE DE PARIS
SOUS L'ADMINISTRATION DU COMTE DUBOIS PRÉFET DE POLICE 1810.
LEX EST QUODCUMQUE NOTAMUS.
COMMERCE DE VIN DE LA VILLE DE PARIS
FORMATION DU
CONSEIL DE PRUD'HOMMES
ROUEN.
AGENS DE CHANGE DE PARIS.
SAINT HONORÉ.

PL. IV

BONAPARTE PREMIER CONSUL
NAPOLEON EMPEREUR
REPUBLIQUE FRANÇAISE
5 FRANCS
AN 12
2 FRANCS
AN XI
40 FRANCS
1807
EMPIRE FRANÇAIS
1809
1806

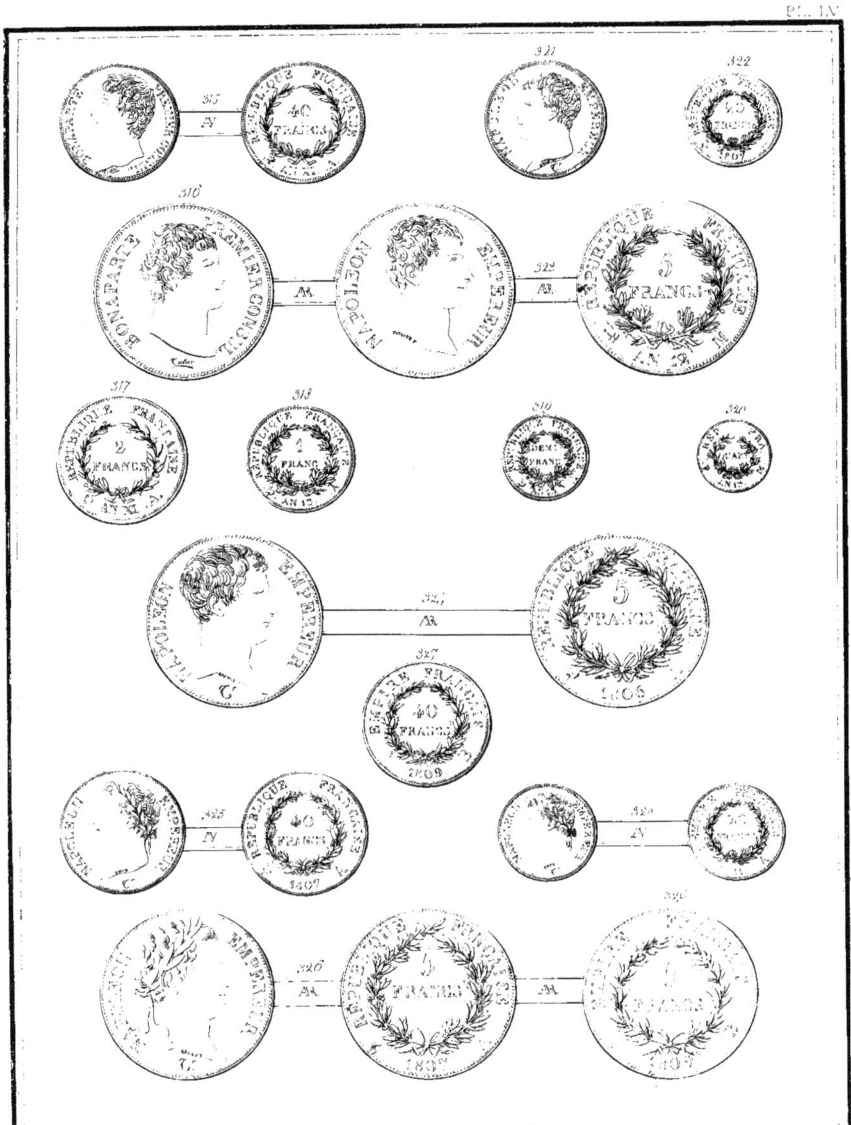

330 EMPIRE FRANÇAIS FRANCS

331 EMPIRE FRANÇAIS FRANC A

332 EMPIRE FRANÇAIS DEMI FRANC 1809 A

333 QUART 1809 A

336 NAPOLEON EMPEREUR — REPUB. FRANC. 10 CENT. 1806

339 1811 M — LIRE

NAPOLEON EMPEREUR 1809

337 NAPOLEONE IMPERATORE E RE 1811 M — AV — REGNO D'ITALIA 40 LIRE

338 REGNO D'ITALIA LIRE

AR — FRANCS AN XI

340 REGNO D'ITALIA 2 LIRE

341 REGNO D'ITALIA 1 LIRA

342 REGNO D'ITALIA 15 SOLDI M

343 REGNO D'ITALIA 10 SOLDI M

344 REGNO D'ITALIA 5 SOLDI M

345 N — B — NAPOLEONE IMPERATORE E RE CENT. 1812 M

346

347 REGNO D'ITALIA 3 CENTESIMI M

348 REGNO D'ITALIA CENTESIMO M

350 FELICE ED ELISA PP. DI LUCCA E PIOMBINO — AR — PRINCIPATO DI LUCCA E PIOMBINO FRANCO 1807

351 PRINCIPATO DI LUCCA E PIOMBINO 5 CENTESIMI 1806

352 PRINCIPATO DI LUCCA E PIOMBINO 3 CENTESIMI 1806

353
NAP. LOUIS I. ROI DE HOLLANDE CONN. DE FRANCE.
355
356
357
NAP. LODEW. I. KON. VAN. HOLL.
KONINGRIJK HOLLAND.
1808
373
JOACHIM GROSHERZOG VON BERG
I BERGISCHER CASSA THALER
374
XVI EINE FEINE MARK
375
376

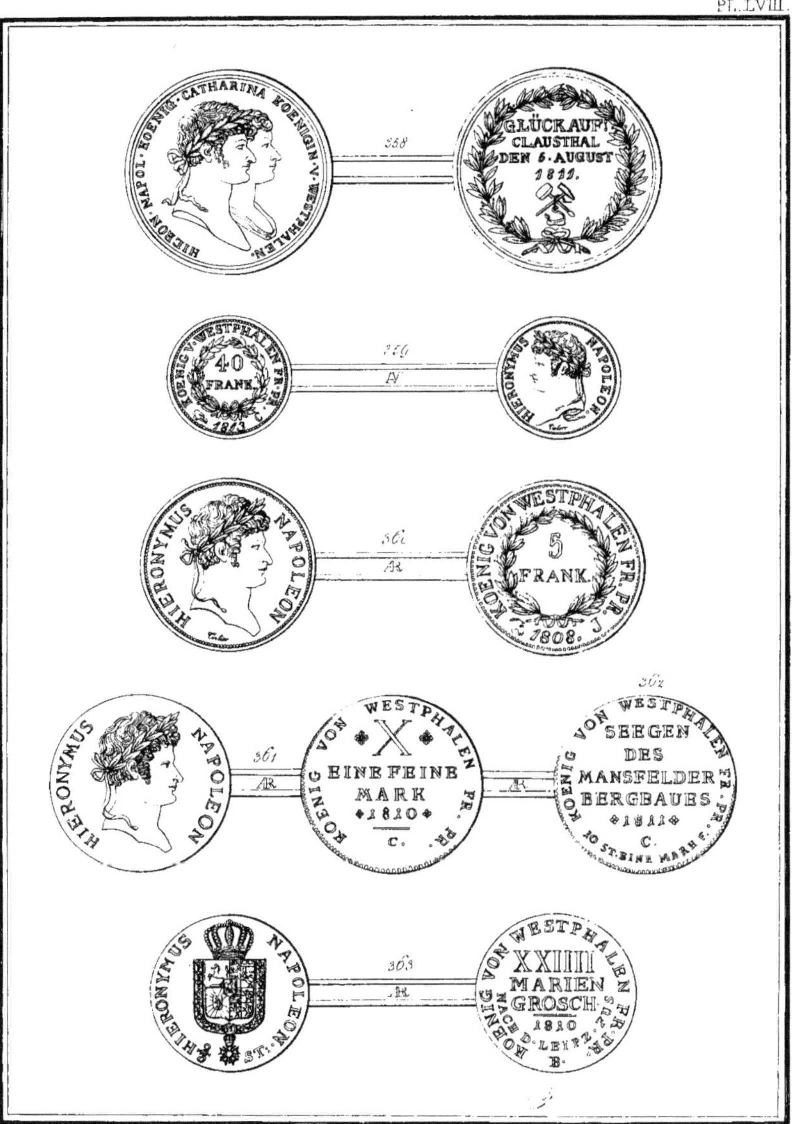
HIERON·NAPOL·KOENIG·CATHARINA KOENIGIN·V·WESTPHALEN·
358
GLÜCKAUF!
CLAUSTHAL
DEN 5·AUGUST
1811.
KOENIG V·WESTPHALEN FR·PR·
40
FRANK.
1813
C
359
AV
HIERONYMUS NAPOLEON
HIERONYMUS NAPOLEON
360
AR
KOENIG VON WESTPHALEN FR.PR.
5
FRANK.
1808.
J
HIERONYMUS NAPOLEON
361
AR
KOENIG VON WESTPHALEN FR. PR.
X
EINE FEINE
MARK
1810
C.
362
AR
KOENIG VON WESTPHALEN FR. PR.
SEEGEN
DES
MANSFELDER
BERGBAUES
1811
C.
10 ST·EINE MARK F.
HIERONYMUS NAPOLEON
ST.
363
AR
KOENIG VON WESTPHALEN FR·PR·
XXIIII
MARIEN
GROSCH·
1810
B·

PL. LIX.

JOSEPHUS NAPOLEO
JULIA MARIA
364
EFFRAENEM CURET
O. P. D. N.
365
E DANIEL
GRATI ANIM
366
AR
367
AV
40
LIRE
368
GIOACCHINO NAPOLEONE RE DELLE DUE SICILIE
AL REGNO
CAPRI
1808

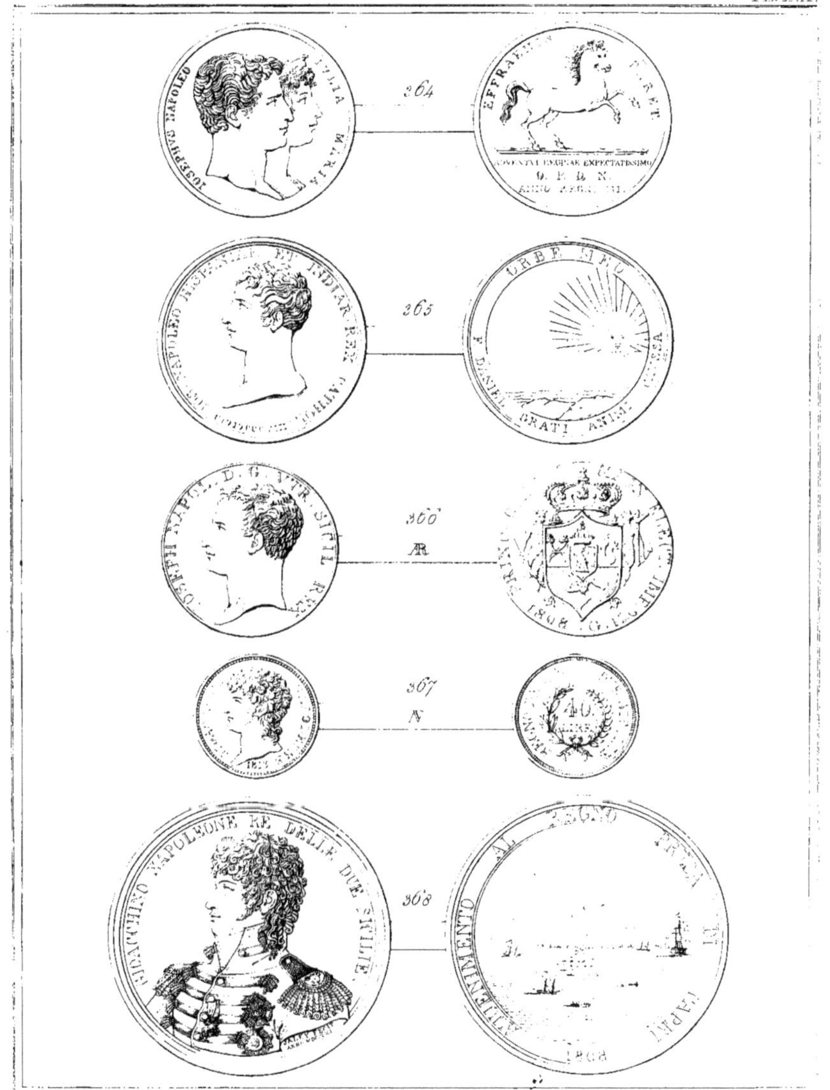

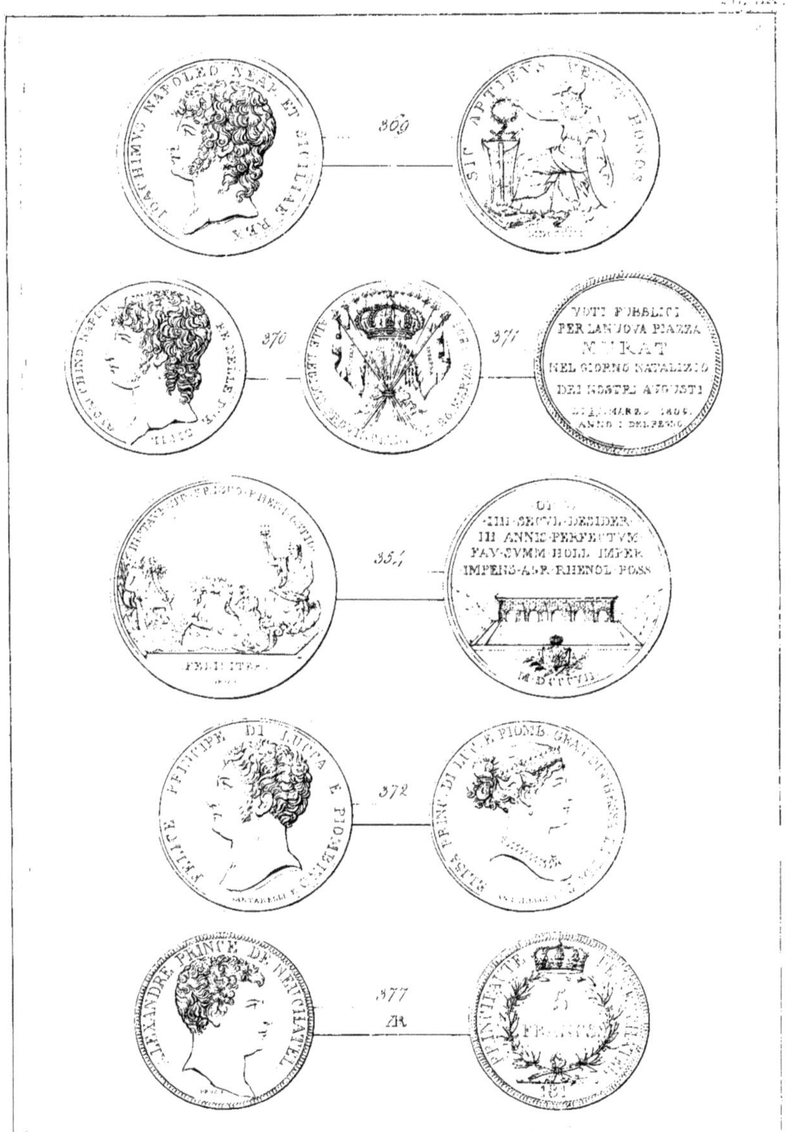
369
IOACHIMVS NAPOLEO NEAP ET SICILIAE REX
370
371
VOTI PUBBLICI
PER LA NUOVA PIAZZA
MURAT
NEL GIORNO NATALIZIO
DEI NOSTRI AUGUSTI
351
III SECVL DESIDER
III ANNIS PERFECTVM
FAV SVMM HOLL IMPER
IMPENS A S R RHENOL POSS
FELICITER
372
FELICE PRINCIPE DI LUCCA E PIOMBINO
377
AR
ALEXANDRE PRINCE DE NEUCHATEL
5
FRANCS

PL. LXI

BUONAPARTE GENERAL EN CHEF DE LA BRAVE ARMEE D'ITALIE
VOILA SOLDATS VALEUREUX LE FRUIT DE VOS TRAVAUX
CAMPAGNE D'ITALIE
1796
CAMPO FORMIDO
D. 17 OCTO. 1797
JETTON
1797
BUONAPARTE OBER GENERAL DER FRANKEN ARMEE IN ITALIEN
JETTON
IN CAMPO FORMIDO
DEN 18 OCTO 1797
LAUER
18 MARZO
1797

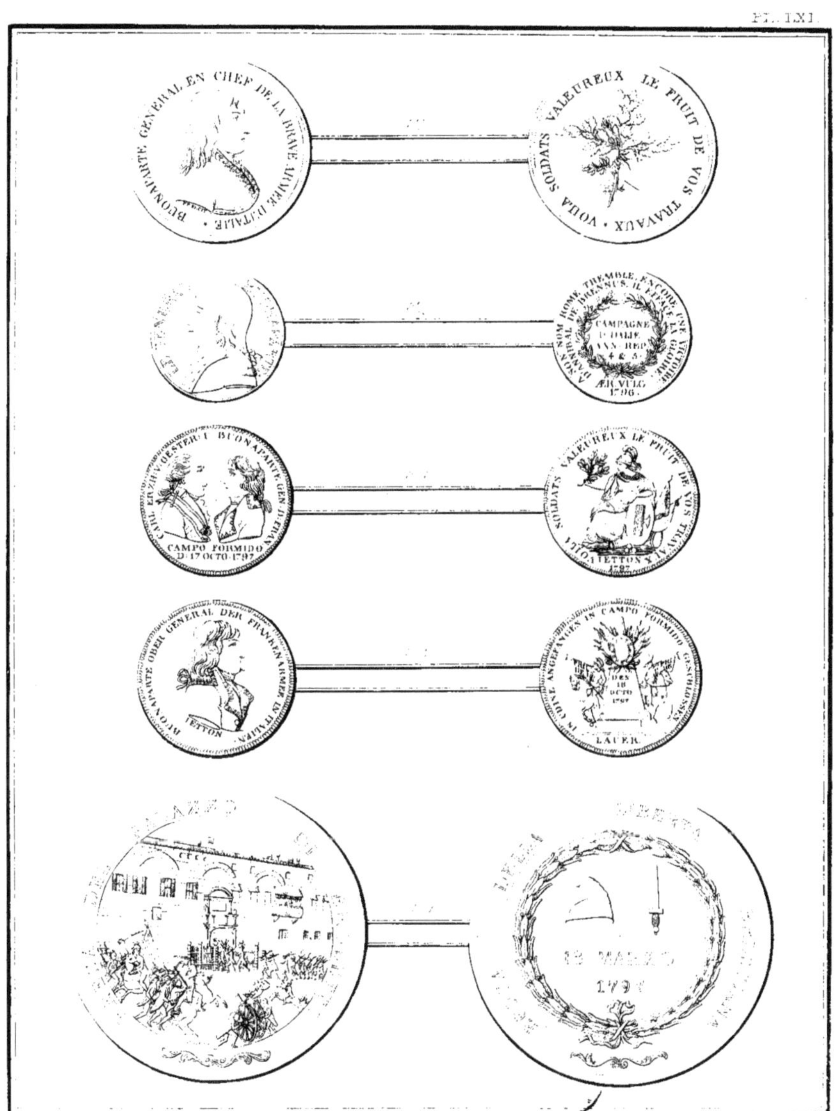

NAPILONE BUONAPARTE
GENERAL OF THE FRENCH ARMY IN EGYPT
MDCCXCIX
IMPERIVM
FELIX
LEGATO
BVONAPARTE
RASTADII
MDCCXCVIII
MARENGO HOHENLINDEN ABOVKERA
PAX
MENTE ET ARMIS PAX ALMA
LUNEVILLE
D 9 FEBRUAR
1801
ABRAMSON
IM FRIEDEN KEIMT DES GUTEN SAAT
DEM
ZWISCHEN
S.R.R.MAI.FRANZ II
UND DER
FRANZÖS. REPUBLIK
D.IX FEBR. MDCCCI
ZU
LUNEVILLE
GESCHLOSSNEN
FRIEDEN.
ALLEN VOLKERN ÖFFNET SIE DIE MEERE
SEEFRIEDE
ZWISCHEN
DER FRANZOS.REP.
UND IHRER ALLIIRTEN
MIT
GROSSBRITTANNIEN
GESCHLOSSEN ZU
AMIENS
DEN XXV MERZ
MDCCCII
PAIX
ET AMITIÉ
ENTRE LA
FRANCE
ET LA
RUSSIE
MAY. 1801.
AUX
CITOYENS DU GARD
MORTS POUR LA PATRIE
PREMIER CONSUL BONAPARTE
XVIII BRUMAIRE
AN VIII.

PL. LXIII.

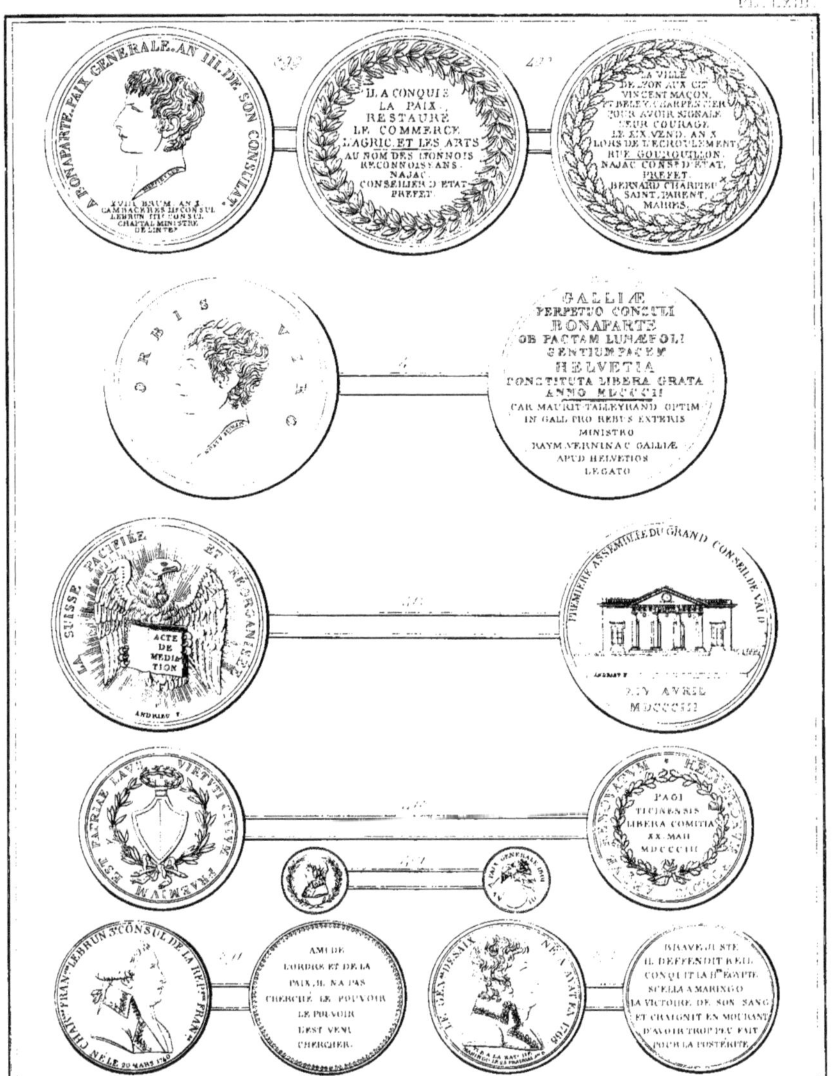
A BONAPARTE. PAIX GENERALE. AN III. DE SON CONSULAT.
XVIII BRUM. AN X. CAMBACERES IIe CONSUL LEBRUN IIIe CONSUL CHAPTAL MINISTRE DE L'INT^r
IL A CONQUIS LA PAIX RESTAURÉ LE COMMERCE L'AGRIC. ET LES ARTS AU NOM DES LYONNOIS RECONNOISSANS. NAJAC CONSEILLER D'ETAT PREFET.
LA VILLE DE LYON AUX CIT. VINCENT MAÇON, ET BELEY, CHARPENTIER POUR AVOIR SIGNALÉ LEUR COURAGE LE XIX VEND. AN X LORS DE L'ECROULEMENT RUE GOURGUILLON. NAJAC CONS^r D'ETAT, PREFET. BERNARD CHARPIEU SAINT. PARENT, MAIRES.
ORBIS VINDEX
GALLIÆ PERPETUO CONSULI BONAPARTE OB PACTAM LUNÆ FOLI GENTIUM PACEM HELVETIA CONSTITUTA LIBERA GRATA ANNO MDCCCII
CAR. MAURIT. TALLEYRAND OPTIM IN GALL. PRO REBUS EXTERIS MINISTRO RAYM. VERNINAC GALLIÆ APUD HELVETIOS LEGATO
LA SUISSE PACIFIÉE ET RÉORGANISÉE
ACTE DE MEDIATION
ANDRIEU F.
PREMIERE ASSEMBLÉE DU GRAND CONSEIL DE VAUD
XIV AVRIL MDCCCIII
EST PATRIAE LAUS VIRTUTI PRAEMIUM
PAGI TICINENSIS LIBERA COMITIA XX. MAII MDCCCIII
PAIX GENERALE
CHAR. FRAN. LEBRUN 3e CONSUL DE LA REP. FRAN.
NÉ LE 20 MARS 1740
AMI DE L'ORDRE ET DE LA PAIX, IL N'A PAS CHERCHÉ LE POUVOIR LE POUVOIR L'EST VENU CHERCHER.
LE GEN. DESAIX NÉ A AYAT EN 1768
BRAVE JUSTE IL DEFFENDIT KEIL CONQUIT LA H^te EGYPTE SCELLA A MARINGO LA VICTOIRE DE SON SANG ET CRAIGNIT EN MOURANT D'AVOIR TROP PEU FAIT POUR LA POSTÉRITÉ

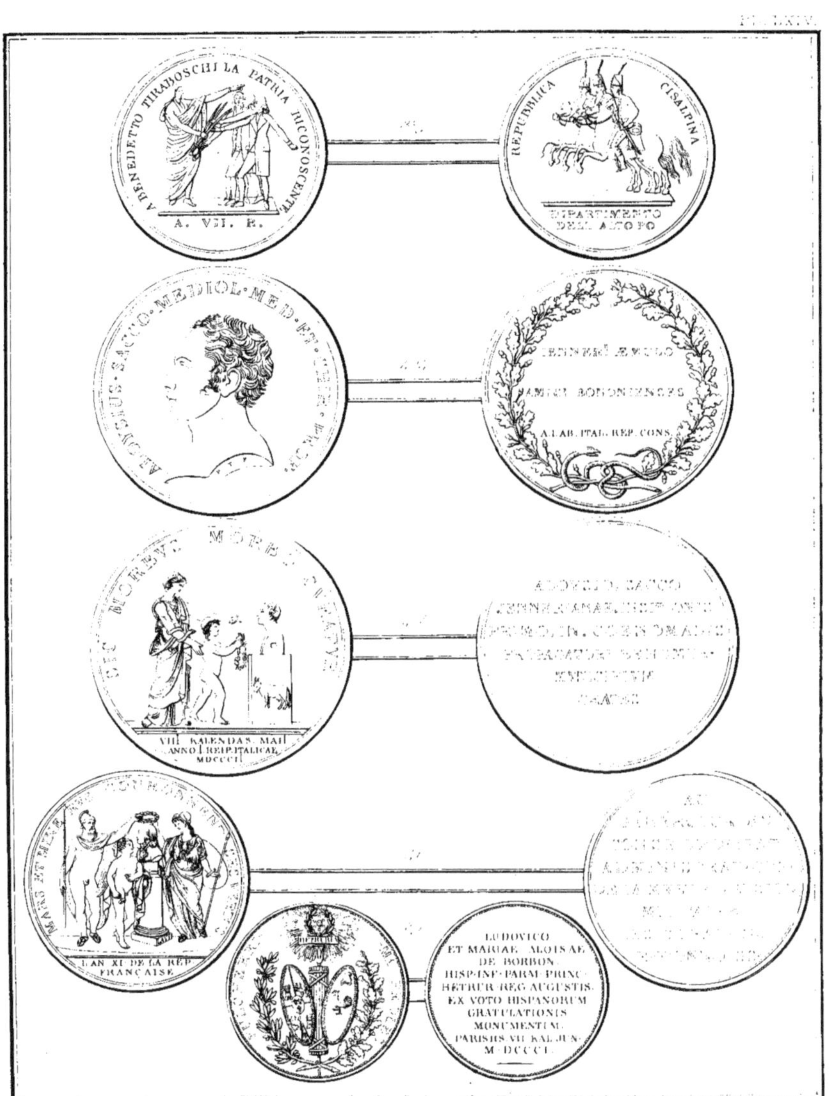
A BENEDETTO TIRABOSCHI LA PATRIA RICONOSCENTE
A. VII. R.
REPUBBLICA CISALPINA
DIPARTIMENTO DELL'ALTO PO
IENNERI ÆMULO
AMICI BONONIENSES
A.I.AB. ITAL. REP. CONS.
VIII KALENDAS MAII
ANNO I REIP.ITALICAE
MDCCCII
L'AN XI DE LA REP.
FRANÇAISE
LUDOVICO
ET MARIAE ALOISAE
DE BORBON
HISP·INF·PARM·PRINC·
HETRUR·REG·AUGUSTIS.
EX VOTO HISPANORUM
GRATULATIONIS
MONUMENTUM.
PARISIIS·VII·KAL·JUN·
M·DCCCI.

ALLE
SPERANZE
DELLA. GIOVENTV
LA. PATRIA
A. G.
GIORNO CHE VALE DI TANTI ANNI IL PIANTO
LIBERTA
ROMANA
27
PIOVOSO
NOUVEAU
PROCÉDÉ
DE FRAPPER
EN VIROLE PLEINE,
PAR SAULNIER,
MÉCANICIEN
A LA
MONNAIE.
PRÉSENTÉ
À NAPOLÉON
BONAPARTE,
I. CONSUL
DE LA RÉPUBLIQUE
FRANÇAISE
L'AN X.
LE 1ER
CONSUL
VISITE L'HÔTEL DES
MONNAIES
LE 21 VENTOSE
AN XI.
PERPETUI
CONSULIS
NOMINI
PERPETUO
AN 10
NAPOLEON EMP. ET ROI.
447
UNIVERSITÉ IMPERIALE
SYNAGOGUE
CONSISTORIALE
DE BORDEAUX
ELEVÉE
EN L'AN 1810
SOUS LE REGNE
DE NAPOLEON
LE GRAND.
444
SPALATI VOTUM
ALEXANDRO MARMONT SVPREMO GALLORVM DVCI IN DALMATIA
ANNO MDCCCVII
NAP. KAIS. BESCH. D. RH. BUND.
CARL. FRIED. GR. HERZ. V. BADEN.
5
FRANK.
NAPOLEON EMPEREUR

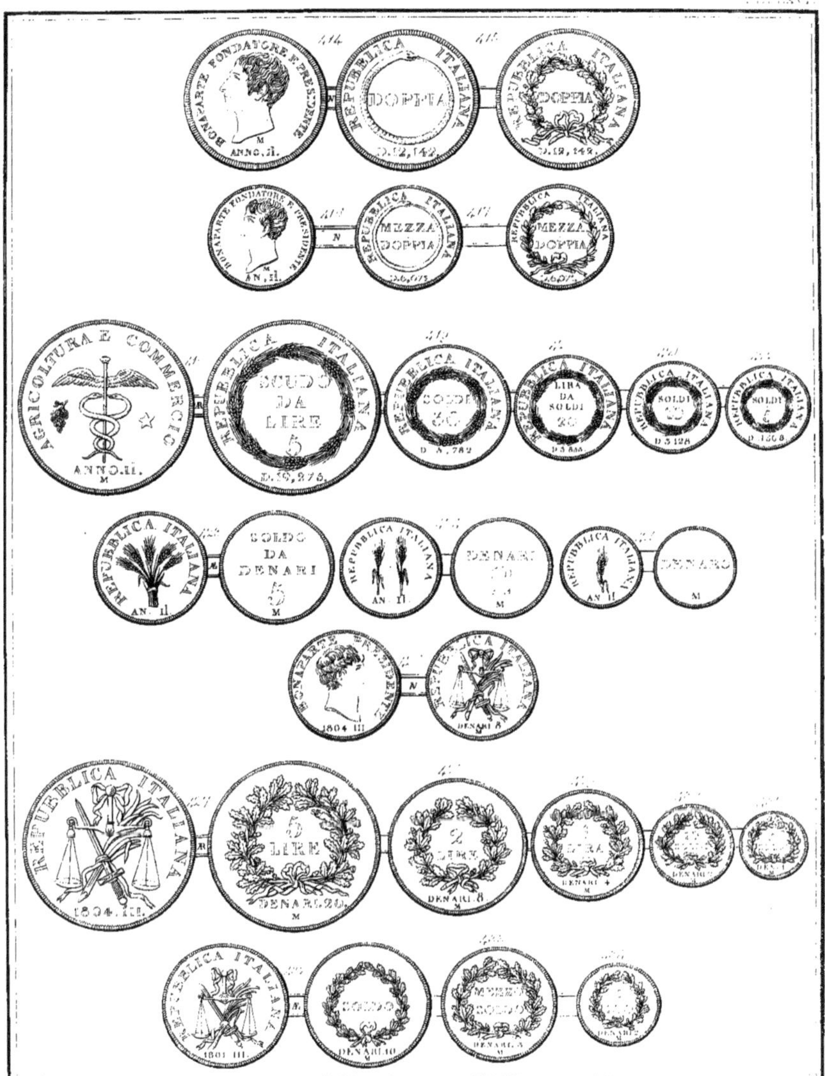
BONAPARTE FONDATORE E PRESIDENTE
ANNO. II.
REPUBBLICA ITALIANA
DOPPIA
D.12,142
MEZZA DOPPIA
AGRICOLTURA E COMMERCIO
SCUDO DA LIRE 5
D.19,275
SOLDI 30
LIRA DA SOLDI 20
SOLDI 10
SOLDI 5
SOLDO DA DENARI 5
DENARI
DENARO
BONAPARTE PRESIDENTE
1804 III
5 LIRE
DENARI 20
2 LIRE
DENARI 8
LIRA
SOLDO
MEZZO SOLDO
DENARI 10

PL. LXVII.

437
NAPOLEON VENIT VIDIT VINCIT
LA CAUSE DE LA PAIX DU PRESBOURG
AUSTERLIT
LE II.DEC.
1805.
450
FRED. ROI DE WURTEMBERG
S.M.LE ROI
DE WURTEMBERG
VISITE LA MONNAIE
IMPERIALE DE PARIS
LE 27 DECEMBRE
1809.
496
NAPOLEON BONAPARTE
IV.EME ANNÉE
DU CONSULAT
DE BONAPARTE
442
LL. MM.
LE ROI ET LA REINE
DE WESTPHALIE
VISITENT LA MONNAIE
DES MEDAILLES
EN NOV. MDCCCVII
451
JOACHIM
NAPOLEON
VISITE L'ACADEMIE
DES BEAUX ARTS
A ROME
LE 16 9BRE
1809.
NAPOLEON EMPEREUR
EMPIRE FRANÇAIS
1807
NAPOLEON EMP. ET ROI
NAPOLEON FR. 2D CE. ROI DE ROME
NE LE XX MARS
MDCCCXI
NAPOLEON IER EMPEREUR
FIDELITE ET PATRIE
CONSTITUTION
1815

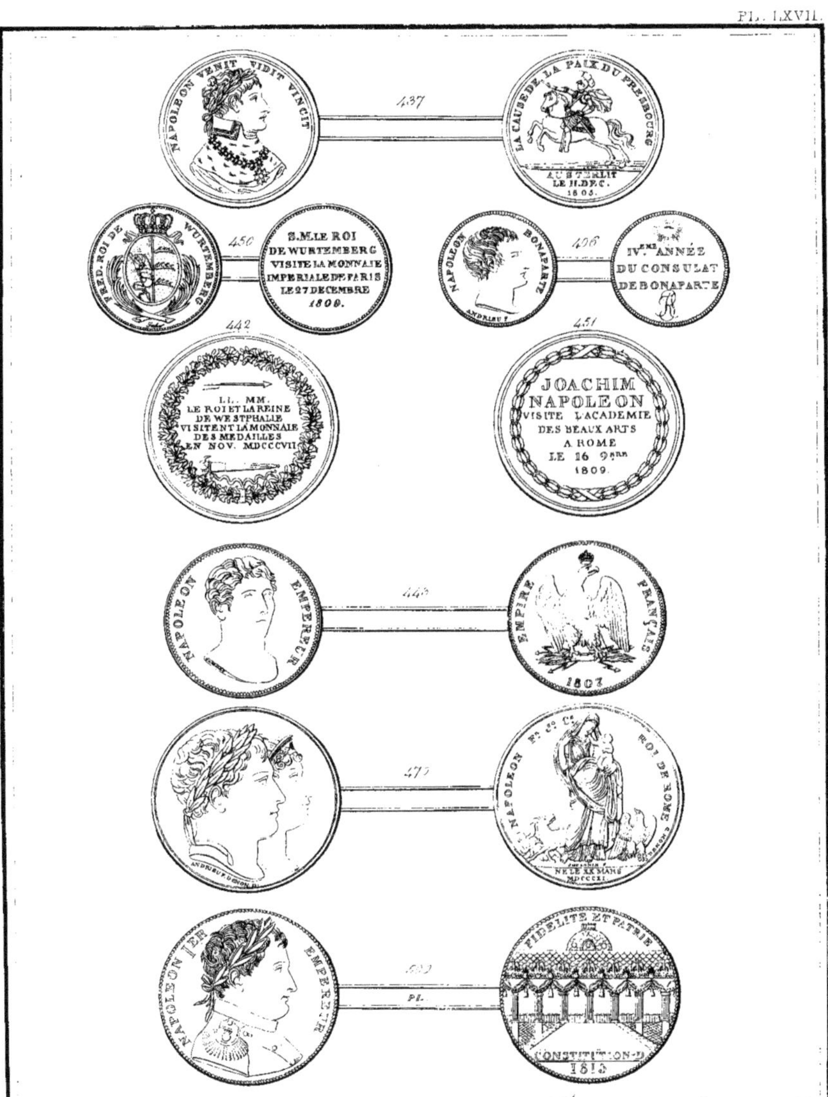

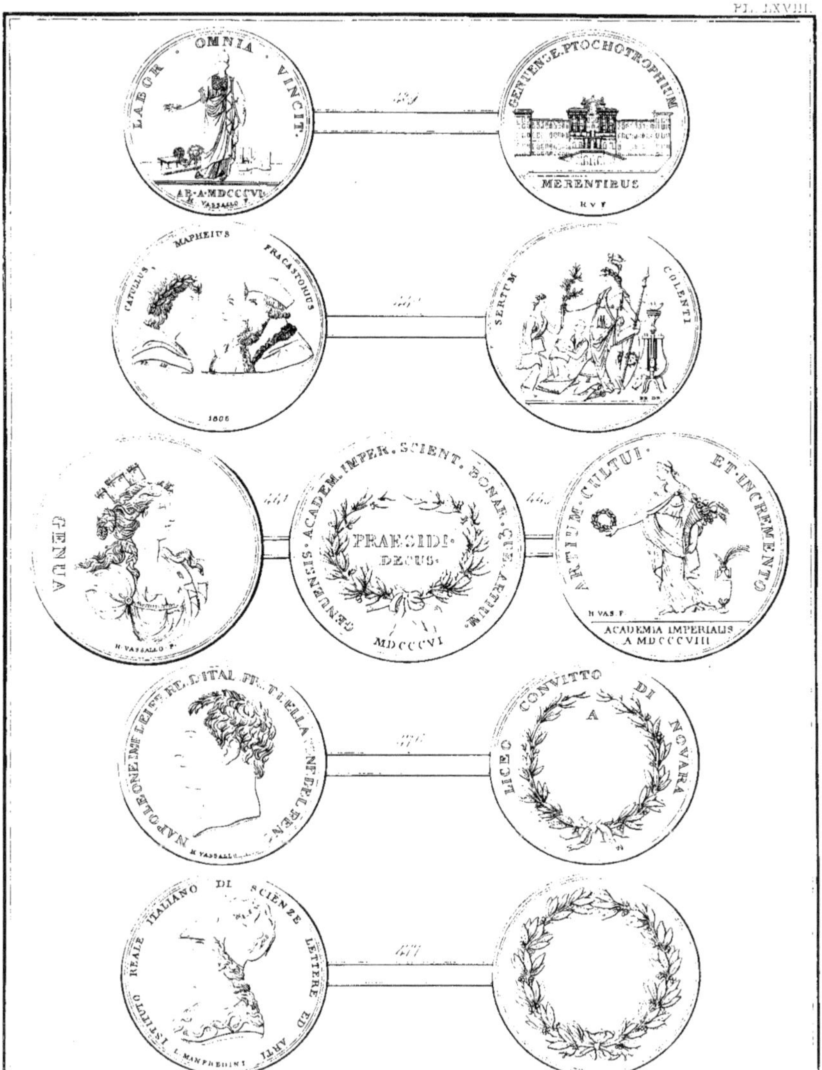

LABOR · OMNIA · VINCIT ·
AB · A · MDCCCVI ·
H. VASSALLO F.

GENUENSE PTOCHOTROPHIUM
MERENTIBUS
H V F

MAPHEIUS
CATULLUS
FRACASTORIUS
1806

SERTUM COLENTI

GENUA
H. VASSALLO F.

GENUENSIS · ACADEM. IMPER. SCIENT. BONAR. QUE ARTIUM ·
PRAESIDI ·
DECUS ·
MDCCCVI

ARTIUM · CULTUI · ET · INCREMENTO
H. VAS. F.
ACADEMIA IMPERIALIS
A MDCCCVIII

NAPOLEONE IMP. E RE D'ITAL. FR. TITELLA MINISTRO DELLA GUERRA
H. VASSALLO

LICEO CONVITTO DI NOVARA
A

REALE ISTITUTO ITALIANO DI SCIENZE LETTERE ED ARTI
L. MANFREDINI

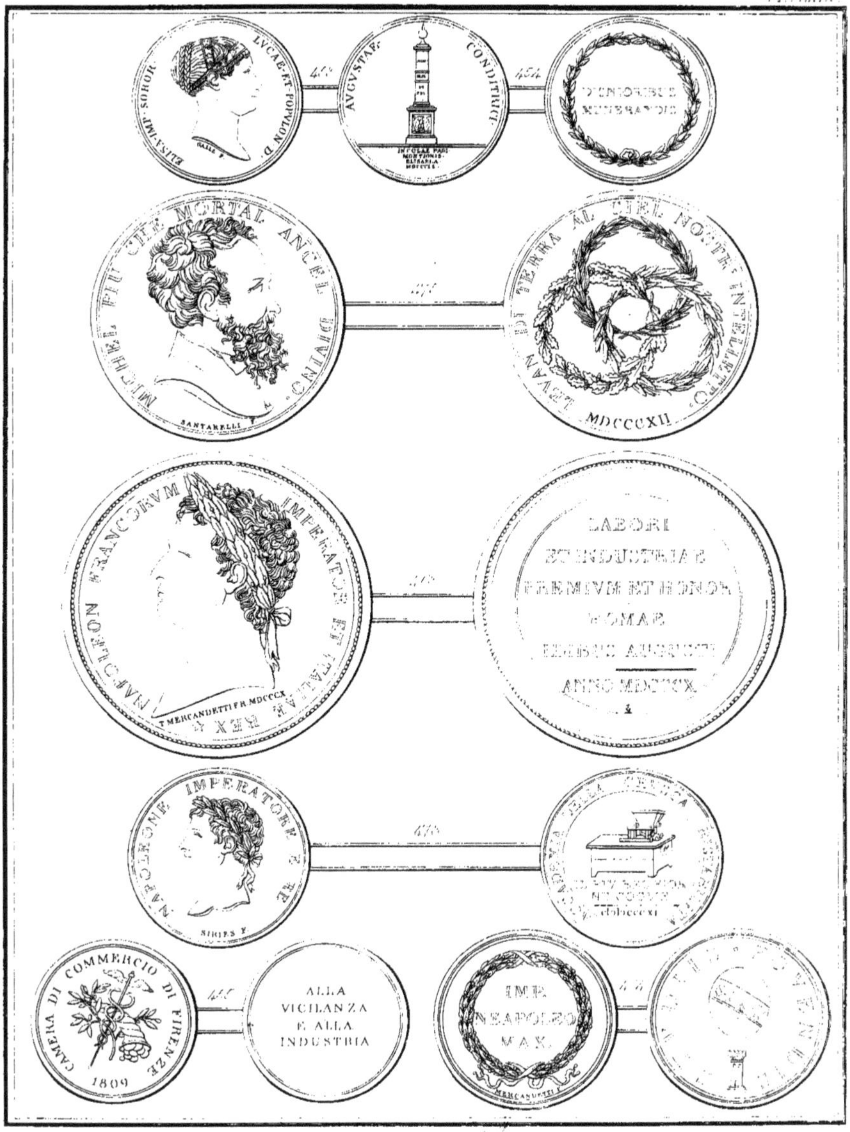

ELISA·IMP·SOROR LVCAE·ET·POPVLON·D.

AVGVSTAE CONDITRICI

MICHEL PIU CHE MORTAL ANGEL DIVINO.

SANTARELLI F.

LEVAN DI TERRA AL CIEL NOSTR'INTELLETTO.

MDCCCXII

NAPOLEON FRANCORVM IMPERATOR ET ITALIAE REX

T.MERCANDETTI F.R.MDCCCX

LABORI

ANNO MDCCCX

NAPOLEONE IMPERATORE E RE

SIRIES F.

CAMERA DI COMMERCIO DI FIRENZE

1809

ALLA
VIGILANZA
E ALLA
INDUSTRIA

IMP.
NEAPOLEO
MAX.

MERCANDETTI F.

PL. LXX.

NAPOLEON EMPEREUR ET ROI.
J. P. DROZ FECIT
AN 1808
A
PIERRE VIGNON
OFFICIER DE LA LEGION D'HONNEUR
PRESIDENT DU TRIBUNAL
DE COMMERCE
LES
NOTABLES COMMERÇANS
DE PARIS
MDCCCX
REX ROMAE NATVS
DIE XX MARTII
MDCCCXI
NAPOLEON FRANCOIS JOSEPH CHARLES ROI DE ROME
I. SCHMIDT F.
XX MARS MDCCCXI.
FIRMAMENTVM
NEAPOLIO . MAGNVS . IMP . ET . MARIA . LVDOVICA . AVSTR.
CONSILII MVNICIP LVG
IVSSV PERCVSSVM

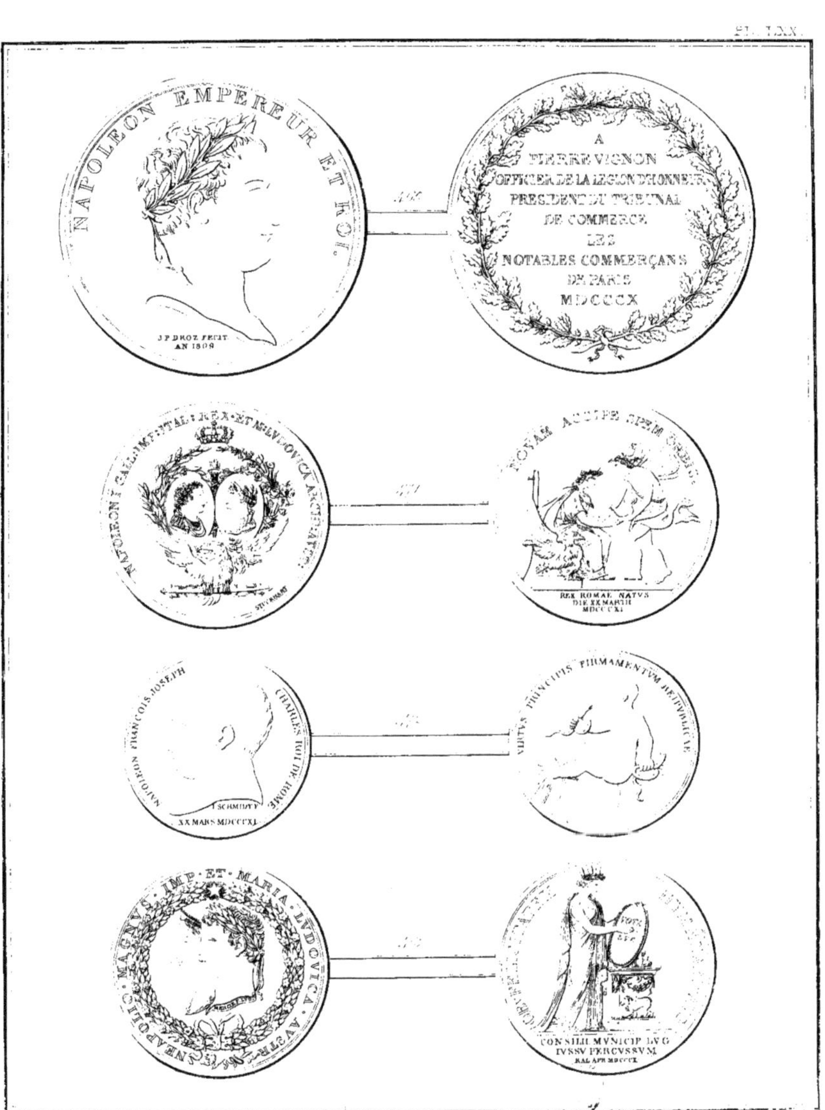

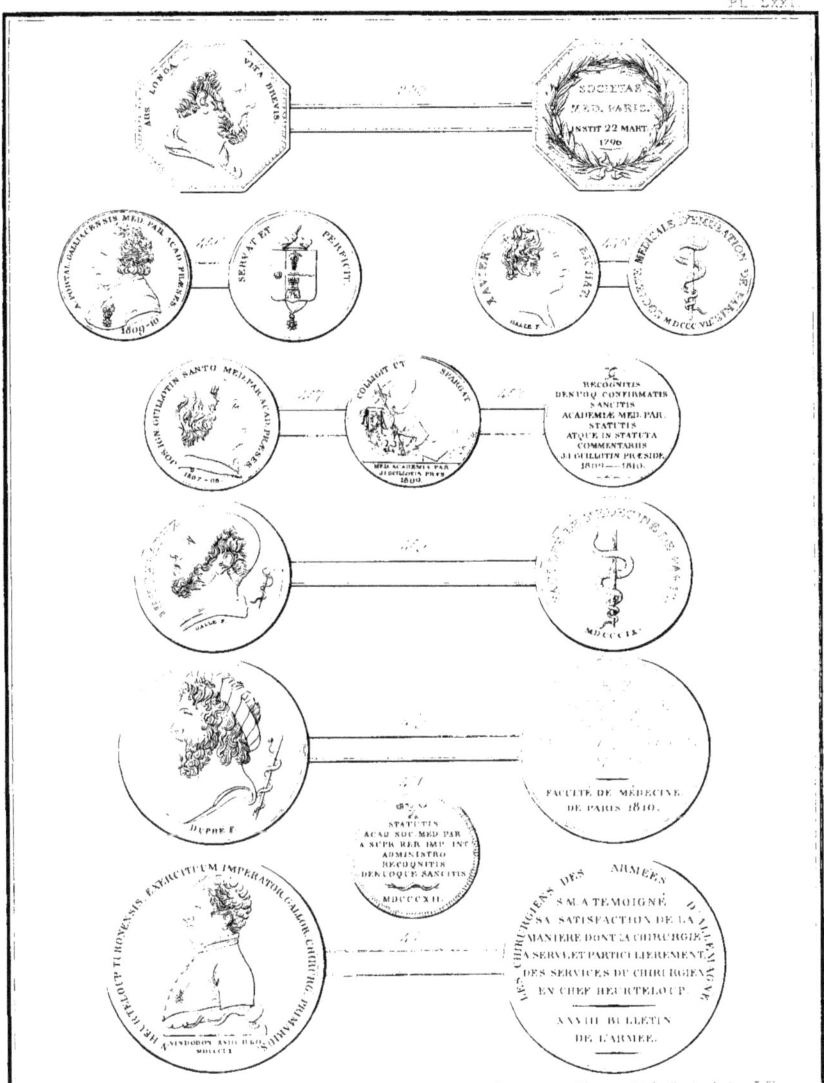
ARS LONGA VITA BREVIS
SOCIETAS
MED. PARIS.
INSTIT 22 MART.
1796
A. PORTAL GALLIACENSIS MED. PAR. ACAD. PRÆSES
1809-10
SERVAT ET PERFICIT
MEDICALE D'EMULATION DE PARIS
JOS. IGN. GUILLOTIN SANTO MED. PAR. ACAD. PRÆSES
1807-08
COLLIGIT UT SPARGAT
MED. ACADEMIA PAR.
1809
RECOGNITIS
DENUO Q. CONFIRMATIS
SANCITIS
ACADEMIÆ MED. PAR.
STATUTIS
ATQUE IN STATUTA
COMMENTARIIS
J. I. GUILLOTIN PRÆSIDE
1809 — 1810
MDCCCIX
DUPRE F.
FACULTÉ DE MÉDECINE
DE PARIS 1810
STATUTIS
ACAD. SOC. MED. PAR.
RECOGNITIS
DENUOQUE SANCITIS
MDCCCXII
EXERCITUUM IMPERATOR GALLOR. CHIRURG. PRIMARIUS
LES CHIRURGIENS DES ARMÉES
S. M. A TEMOIGNÉ
SA SATISFACTION DE LA
MANIERE DONT LA CHIRURGIE
A SERVI, ET PARTICULIEREMENT
DES SERVICES DU CHIRURGIEN
EN CHEF HEURTELOUP.
XXVIII BULLETIN
DE L'ARMEE.

AN SIX
TRÉSOR
PUBLIC
DÉCRET IMPÉRIAL
DU III COMPLEMENT
AN XII
1809
RUE NOTRE DAME
DES
VICTOIRES
1813
COMMISSION
DES REMEDES SECRETS
INSTITUÉE
EN EXÉCUTION DU
DÉCRET DU 18 AOUT
1810
1814
VILLE
DE
PARIS
AN
1812

PL. LXXIII.

UN SOLDO DI MILAN
1814
CENT. 50
DIEU PROTEGE LA FRANCE
10 F.
N
CATTARO EN ETAT DE SIEGE
1813
5 F.
ZARA 1813
4.0.
2.0.
9F 20C
ANVERS
1814
MONNAIE
10 CENT.
OBSIDIONALE
UN DÉCIME 1814 BB
UN DÉCIME 1815. BB
L
ILES DE FRANCE ET BONAPARTE
DIX LIVRES
1810
EX PROBITATE ROBUR
REPUBLICA GENUENSIS
1814

IOACHIM NAPOL. SICIL. REX VNIVERSITATIS STVDIORVM RESTAVRATOR
FULGET ET FOVET
SCIENTIARUM DECORI
MDCCCXI
GIOACCHINO NAPOLEONE
ONORE AL MERITO
GIOACHINO NAPOLEONE RE DELLE DUE SICILIE
ISTITUTO SALESIANO
GIOACCHINO NAPOLEONE RE DELLE DUE SICILIE
PREMIO AGLI ALUNNI DE REALI COLLEGI
DIO TI AIUTI A CONSERVARLO

www.ingramcontent.com/pod-product-compliance
Ingram Content Group UK Ltd.
Pitfield, Milton Keynes, MK11 3LW, UK
UKHW020306180726
13839UKWH00001B/382